Dönhoff
Menschenrecht und Bürgersinn

Marion Gräfin Dönhoff (Hg.)

Menschenrecht und Bürgersinn

Die neue Mittwochsgesellschaft

Gespräche über Probleme von Bürger und Staat
Band 2

Deutsche Verlags-Anstalt • Stuttgart

Die Deutsche Bibliothek – CIP-Einheitsaufnahme
Menschenrecht und Bürgersinn /
Marion Gräfin Dönhoff (Hg.). –
Stuttgart: Deutsche Verlags-Anstalt, 1999
(Die neue Mittwochsgesellschaft; Bd.2)
ISBN 3-421-05201-8

Textdokumentation und redaktionelle Mitarbeit:
Josef Hrycyk, Hamburg
Satz: dtp im Verlag
Druck und Bindearbeit: Friedrich Pustet, Regensburg
ISBN 3-421-05201-8

Inhalt

Vorwort
Marion Gräfin Dönhoff 7

Menschenrechte I – Multikultur
Dieter Grimm 11

Menschenrechte II – Grundrechte und Grundpflichten
Dieter Grimm 53

Verantwortung der Akteure im weltwirtschaftlichen Zusammenhang
Helmut Schmidt 95

Die Situation in den östlichen Ländern (I)
Friedrich Dieckmann / Wolfgang Thierse 143

Die Situation in den östlichen Ländern (II)
Egon Bahr / Friedrich Dieckmann 181

Anhang
Die neue Mittwochsgesellschaft 217

Vorwort

Als im vorigen Jahrhundert das technisch-wissenschaftliche Zeitalter über Deutschland hereingebrochen war, erwachte bei vielen Menschen das Bedürfnis, mehr über die neuen Lebensbereiche zu erfahren. Dies führte im Jahre 1863 dazu, daß sechzehn bekannte Persönlichkeiten – Fachleute aus den verschiedensten Bereichen – sich zu einem Gesprächskreis zusammenschlossen, um im Rahmen von Diskussionen das Gelände abzuleuchten.

Alle lebten zu jener Zeit in der Hauptstadt Berlin und konnten so regelmäßig zusammenkommen. Die Mittwochsgesellschaft, wie sich der Kreis nannte, traf sich zweimal im Monat, jeweils im Hause eines ihrer Mitglieder, das dann über sein Spezialgebiet referieren mußte.

Neben anderen gehörten dem Kreis am Schluß an General Ludwig Beck, Werner Heisenberg, Wilhelm Pinder, Eduard Spranger, Ferdinand Sauerbruch, Ulrich von Hassell, Johannes Popitz und Bernhard Harms. Nach dem 20. Juli 1944 wurden vier der Mitglieder hingerichtet. Das war das Ende der Mittwochsgesellschaft.

Heute ist wieder – wenn auch aus ganz anderen Gründen – die Orientierungslosigkeit groß. Die Diskussion über eine mögliche Abhilfe führte zu dem Gedanken, eine neue Mittwochsgesellschaft zu gründen, die wieder sechzehn Mitglieder regelmäßig zusammenbringt. Ihre Namen sind auf dem Umschlag dieses Buches genannt.

Es ist ein Kreis von glaubwürdigen, respektierten Persönlichkeiten, der sich seit 1996 sechsmal im Jahr trifft. Eine Zusammenfassung des jeweils kurzen Vortrags zu aktuellen »brennenden« Problemen und der sich anschließenden Diskussion wird veröffentlicht. In einem ersten Band sind im Frühjahr 1998 die ersten fünf Sitzungen der neuen Mittwochsgesellschaft erschienen. Mit dem vorliegenden zweiten Band werden die nächsten fünf Zusammenkünfte dokumentiert.

Marion Gräfin Dönhoff

Die Mittwochsgesellschaft
vom 1. Oktober 1997

Menschenrechte – Teil I

Multikultur

Dieter Grimm:
So selbstverständlich es früher gewesen ist, das Christentum in andere Kulturen zu tragen, unter Umständen auch mit Waffengewalt, so selbstverständlich scheint es uns heute zu sein, Menschenrechte als universal gültige Normen zu betrachten und im Weltmaßstab durchzusetzen. Fremde Staaten werden für die Beachtung der Menschenrechte belohnt, für deren Mißachtung bestraft; Menschenrechte gelten sogar als rechtfertigender Grund für kriegerische Aktionen.

Demgegenüber muß man daran erinnern, daß Menschenrechte ein Produkt der europäischen Moderne sind. Als solches haben sie zwei Voraussetzungen: Erstens wird als Grundeinheit der Gesellschaft das Individuum betrachtet, nicht das Kollektiv, dem die Individuen angehören. Zweitens wird dieses Individuum als autonom verstanden. Ziel ist seine Selbstbestimmung in den Grenzen der Selbstbestimmung der anderen. Das ist vor allem europäisches Denken. Aber selbst in Europa ist es, obwohl sehr lange vorgedacht, erst verhältnismäßig spät verwirklicht worden und auch in der Phase seiner Verwirklichung immer umstritten geblieben.

Andere Kulturen haben diese Entwicklung nicht mitvollzogen. Manche sind auf dem Weg dorthin. Es gibt aber auch Kulturen, die sie nicht nur nicht mitvollzogen haben, sondern ausdrücklich ablehnen, als nicht vollziehenswert empfinden, weil sie ein anderes Verständnis von der menschlichen Bestimmung und von der Gliederung der Gesellschaft haben. Man muß sich das vor Augen halten, wenn man die Frage beantworten will, inwieweit andere Einstellungen zu den Menschenrechten als die unsrigen illegitim und daher Interventionen zugunsten von Menschenrechten legitim sind.

Die Frage ist auch nicht deswegen überflüssig geworden, weil es inzwischen internationale Pakte über Menschenrechte gibt. Diese Pakte sind zwar ein Ausdruck der Anerkennung, daß Rechte existieren, die dem Individuum als solchem zukommen. Aber die Pakte liefern nicht das Verständnis der Rechte mit. Es zeigt sich vielmehr, daß sich über diese Rechte in den verschiedenen Kulturen je eigene Verständnisse bilden, die wiederum zu steuern die Pakte selber keine Macht haben, weil das Verständnis eingebettet ist in die jeweilige Vorstellungswelt der verschiedenen Kulturen. Eine Institution, wie sie im innerstaatlichen Bereich existiert, die die internationale Vielfalt langsam auf eine gemeinsame Vorstellungswelt hin koordinieren könnte, gibt es in diesem Bereich noch nicht.

Aus dieser Situation ziehe ich den Schluß, daß man nicht mehr so unbefangen, wie das jahrzehntelang geschehen ist, die Exportwürdigkeit von Menschenrechten generell voraussetzen darf. Eine abschließende Meinung darüber, wie die Diskrepanz aufzulösen ist, habe ich nicht. Ich gehe aber davon aus, daß es einen gewissen Bereich in dem Gesamtkatalog der Menschenrechte gibt, von dem man sagen kann, daß er kulturübergreifend und kulturunabhängig anerkennungsfähig und anerkennungsbedürftig ist: Dazu gehört das Existenzrecht von Gruppen, wie immer sie sich definieren, ob ethnisch, religiös, rassisch. Es kann keinerlei Recht geben, Gruppen wegen solcher Merkmale zu verfolgen oder gar auszurotten. Auf das Individuum bezogen ist es die Rechtssubjektivität des einzelnen, also der Umstand, daß er einen Eigenwert hat und sein Wert sich nicht allein aus der Mitgliedschaft in größeren Kollektiven ableitet. Schließlich gehört dazu die psychische und physische Integrität des einzelnen.

Von diesem unerläßlichen Grundbestand an universalem Menschenrechtsgehalt muß man sich behutsam vortasten zu dem, was weiter universale Anerkannung beanspruchen könnte. Besondere Schwierigkeiten tauchen dabei aber gerade bei der Religionsfreiheit, der Meinungsfreiheit und der Geschlechtergleichheit auf. Da sind die kulturellen Ausprägungen verschiedener Art so stark, daß man nicht sehr leicht in der Lage sein wird, einen allgemeinen Bereich des Anerkannten zu finden.

Was rechtfertigt nun aber von seiten derer, die die Menschenrechte hochschätzen und anerkennen, die Intervention in anderen Kulturen, die Menschenrechte mißachten oder verletzen, oder was gebietet sie vielleicht sogar? Die Frage ist nicht weniger schwierig. Ich würde unterscheiden zwischen präventiven Aktionen – dem Versuch, Menschenrechtsverletzungen zu verhüten – und repressiven Aktionen – der Sanktionierung geschehener Menschenrechtsverletzungen.

Im präventiven Bereich könnte ich mich dazu verstehen, den Einsatz kriegerischer Mittel legitim zu finden, wenn Genozid auf dem Spiel steht, also Völkermord, Ausrottung von ganzen Gruppen, die sich durch bestimmte identitätsstiftende Merkmale definieren. Im übrigen würde ich zögern, den Einsatz kriegerischer Mittel zu legitimieren, und eher auf alle Arten von Druckausübung setzen.

Im Bereich der Sanktionen haben wir im Augenblick eine Bewegung, vor allem durch das Jugoslawien-Problem ausgelöst, nach dem Vorbild von Nürnberg internationale Kriegsverbrechertribunale einzusetzen. In der Tat kann die Effektivität der Verfolgung im internationalen Bereich nur dann gesichert werden, wenn es internationale Verfolgungs- und Ahndungsinstitutionen gibt. Wenn man die Sanktionen den betroffenen Staaten selbst überläßt, sind die Aussichten dafür, daß Menschenrechtsverletzungen geahndet werden, relativ gering.

Mit steigender Migration und wachsenden Ausländeranteilen erstreckt sich das Problem unterschiedlicher Menschenrechtsstandards und -vorstellungen aber auch in die Nationalstaaten und läßt sich hier vielleicht am besten mit dem Stichwort Multikulturalität bezeichnen: Es treffen verschiedene Kulturen mit ihren jeweiligen, unter Umständen hochgradig verbindlichen, aber nicht vereinbaren Anforderungen in einem einzigen Land aufeinander.

Nach meinem Eindruck haben wir in Deutschland zu diesem Problem bisher keine Einstellung gefunden. Gerade Liberale – nicht im parteipolitischen Sinne – fühlen sich vor diesem Problem hin- und hergerissen. Auf der einen Seite meinen sie, daß jeder nach seiner Fasson selig werden soll. Auf der anderen Seite kann es aber sein, daß diese Fasson gerade fundamentalen liberalen Postulaten zuwider läuft.

Die Pole, die es gibt und die die Extreme bei der Lösung dieses Konflikts bezeichnen, lassen sich auf der einen Seite in die Aussage fassen: Wir sind bereit, jedermann aufzunehmen, aber wenn er aufgenommen worden ist, hat er sich nach unseren Bedingungen zu verhalten; es gibt keine Ausnahme von geltenden Gesetzen, selbst wenn Religion und Sitte der Angehörigen einer fremden Gruppe dem kategorisch entgegenstehen.

Auf der anderen Seite steht die Bereitschaft, es solle in einem Land möglich sein, daß jeder, der einer anderen Kultur angehört, sein Leben nach seinen eigenen religiösen und kulturellen Anforderungen gestalten kann, auch wenn es geltenden Gesetzen zuwider läuft; es gibt also von den geltenden Gesetzen religiös oder sittlich motivierte Ausnahmen.

Man kann diese beiden Alternativen auch geographisch zuordnen: Der erste Weg ist der, den im Prinzip Frankreich einschlägt. Der andere Weg ist der, den eher die Vereinigten Staaten von Amerika gehen. Deutschland bewegt sich dazwischen, ohne daß man aber schon eine prinzipiengeleitete Einstellung erkennen könnte.

Ich meine, daß eine Gesellschaft viel mehr Ausnahmen von allgemein geltenden Gesetzen erträgt, als das bei uns oder gar in Frankreich für möglich gehalten wird. Unsere Rechtsordnungen sind voller Ausnahmen, aber selten als Konzessionen an bestimmte religiöse oder sittliche Gebote. Meine Vorstellung ist, daß eine Gesellschaft auch in diesem Bereich mehr Ausnahmen verträgt, ohne daß sie zusammenbricht oder ihre Identität und ihren Zusammenhalt verliert.

Deswegen neige ich dazu, ein Eigenrecht fremder Kulturen anzuerkennen – man kann auch sagen: Ausnahmen von den in Deutschland geltenden Gesetzen zu erlauben –, soweit ein bestimmtes Verhalten zu den Essentialen einer anderen Kultur gehört und soweit es nicht Essentialen unserer Kultur zuwider läuft. Durch diesen Vorbehalt verschiebt sich allerdings die Interventionsgrenze im Nationalstaat erheblich weiter nach vorn als im internationalen Bereich.

Was sind die Essentiale unserer Kultur? Zunächst wieder die physische und psychische Integrität der einzelnen Person, ebenso die auf der Menschenwürde beruhende Gleichheit einschließlich der Gleichheit der Rassen und Geschlechter. Ferner würde ich für unabdingbar halten, daß in Gruppen, die bei uns leben, der einzelne von der eigenen Gruppe nicht gehindert werden darf, aus dieser Gruppe auszutreten und sich in die allgemeine Gesellschaft einzugliedern.

Wenn man letzteres anerkennt, muß man sich aber vor Augen halten, daß ein solches »Austrittsrecht« einiges voraussetzt: Es gibt ein Austrittsrecht nur dann, wenn es vorher auch ein Recht zur eigenen Meinungsbildung gibt. Und es gibt ein Recht zur eigenen Meinungsbildung nur, wenn es Informationsfreiheit gibt. Auch hier ist viel Konfliktstoff, denn es liegt in der Eigenart solcher in sich stark geschlossener Gruppen, daß sie nach Möglichkeit ihre Angehörigen von der freien Meinungsbildung und der freien Information abschließen.

Schließlich würde ich etwas für unerläßlich halten, das fast selbstverständlich klingt: Die Toleranz gegenüber fremden Kulturen, die zum Teil zu unseren Werten und zu unserer Rechtsordnung im Widerspruch stehen, kann nicht einschließen, daß diese wiederum unsere Ordnung aktiv bekämpfen dürfen. Toleranz ist nur als wechselseitige denkbar.

Diskussion

Marion Dönhoff:

In der Zeit des Kalten Krieges herrschten allenthalben *double standards*; den eigenen Freunden sah man nach, wenn sie Menschenrechte verletzten, die Feinde prangerte man dafür an. Meine Mitstreiter waren Freiheitskämpfer – die des Gegners: Terroristen. Der Kalte Krieg ist vorüber, die Situation aber hat sich, nun im Blick auf ökonomische Interessen, nicht geändert: Saudi-Arabien wird vieles verziehen, weil es wichtig ist im Verhältnis zu Iran und Irak; Indonesien, weil dieses Land ein sehr großer Waffenkäufer ist.

Als 1980/81 in Polen die Wende stattfand und Jaruzelski den Kriegszustand ausrief, waren die Amerikaner außer sich, es wurden Sanktionen verhängt. Zur gleichen Zeit trafen sie mit Südafrika eine Kooperationsvereinbarung, obwohl dreißigtausend Schwarze ohne Anklage und ohne Verfahren in Gefängnissen saßen.

Die Menschen sind also offenbar so unzulänglich, daß man zu einem wirklichen Menschenrecht gar nicht kommt.

Volker Hassemer:

Dennoch ziehen Sie nicht die Schlußfolgerung zu sagen: Weil ohnehin nur dagegen verstoßen wird, sollte man den Anspruch, die Suche nach dem, was gültige Rechte sind – wobei das Wort »Menschenrechte« wahrscheinlich von unserer Kultur geprägt ist; andere Kulturen würden es möglicherweise nicht so nennen –, erst gar nicht beginnen.

Einer solchen Schlußfolgerung würde ich auch nie folgen können. Für mich ist zunächst einmal der Anspruch, die Suche das Wichtigste: nach gültigen Menschenrechten, nach gültigen Rechten, über die man sich auch streiten kann, zu denen es unterschiedliche Positionen geben kann.

Richard von Weizsäcker:
Inwieweit man in der Anerkennung und Durchsetzung von Menschenrechten international vorankommt, hängt nicht zuletzt davon ab, was man bei sich zu Hause für richtig hält und praktiziert.

Bei Marion Dönhoff ist ein Gefühl der Entmutigung wegen *double standards* deutlich geworden. Ich meine, wir haben doch in der Formulierung und – in ganz kleinen Schritten – auch Durchsetzung von Menschenrechten im Laufe der letzten fünfzig Jahre gewaltige Fortschritte gemacht. Wir sind doch an einem Punkt, an dem zum ersten Mal Menschenrechte zum Gegegenstand von quasi durchsetzbaren Völkerrechtsprinzipien gemacht werden, die sich nicht dadurch hindern lassen, daß das oberste Gesetz des Völkerrechts die Nichteinmischung in die inneren Angelegenheiten ist.

Hier denke ich nicht nur an die UNO-Deklaration. Auch der wesentliche Teil der Praxis der OSZE ist doch ein Feld erster vorsichtiger Schritte der Durchsetzung von Menschenrechten in anderen Ländern, sogar in Mitgliedsländern der OSZE. Ich finde diesen Fortschritt noch wichtiger als die Entmutigung.

Marion Dönhoff:
Was heißt »Durchsetzung«? Dafür gibt es doch gar keine Möglichkeiten.

Richard von Weizsäcker:
Daß während des Tschetschenienkrieges eine OSZE-Kommission nach Tschetschenien reist, ohne daß die Russische Föderation das hindern kann, hat natürlich noch nicht den Tschetschenienkrieg beendet, aber doch ein Stück globale Information betrieben, die möglicherweise zu einer Abkürzung dieses Mordens geführt hat. Und die Beratung durch die OSZE über die Art und Weise, wie russische Minderheiten in Estland und Lettland behandelt werden sollen, hat vielleicht größere Konflikte verhindert. Auch da geht es doch um Menschenrechte.

Ernst Joachim Mestmäcker:
Wir sprechen über die alte Frage von Kant, ob das Menschengeschlecht im Fortschreiten zum Besseren begriffen sei. Seine Antwort darauf ist sehr dicht bei unserer Diskussion. Es ist die Vorstellung, daß die Rechtsidee, die zunächst innerhalb der Staaten durchgesetzt wird, auch das Rechtsprinzip für die Staatenbildung zu sein hat.

Unter diesem Gesichtspunkt hat Kant schon zu seiner Zeit die Kolonien als von Anfang an unrechtmäßig bezeichnet. Voraussetzung sei, daß sich eine Gemeinschaft von Menschen zunächst selbst eine Rechtsordnung gibt, die sie dann instand setzt, nach Rechtsgrundsätzen mit anderen in Beziehung zu treten.

In dieser Beziehung ist der Vorrang für die Herausbildung des – wie wir heute sagen würden – Rechtsstaates das primäre rechtliche Gebot. Erst wenn dies im wesentlichen bewerkstelligt ist, kommt auch in Frage, daß aus dem Völkerrecht das Fortschreiten zum allgemeinen Menschenrecht abgeleitet werden kann. Solange dies nicht verwirklicht sei, habe der einzelne gegenüber dem fremden Staat nur das Recht, bei Ankunft auf dessen Territorium als Mensch und nicht als Feind behandelt zu werden.

Anders gesagt: Das Gebot der Humanität in den internationalen Beziehungen ist die erste Form des grenzüberschreitenden Menschenrechts. Im übrigen ist die ganz wichtige Konsequenz daraus, auch unter dem Gesichtspunkt der Meinungsfreiheit im internationalen Bereich, daß schon nach seiner Auffassung – und dieselbe Überlegung gibt es auch in der englischen Aufklärung – es eine völkerrechtliche Verpflichtung gibt, sich auf Verhandlungen über das Rechtsprinzip einzulassen. Eine Bereitschaft, den Krieg als Mittel zur Durchsetzung des Rechtsprinzips einzusetzen, findet sich bei Kant nicht.

Dieter Grimm:

Die Frage, wie aufrichtig oder konsequent die Menschenrechtspolitik der westlichen Staaten ist, kann man nur stellen, wenn klar ist, welche Menschenrechte universale Geltung beanspruchen können. An dieser Klarheit fehlt es weitgehend.

Die Entrüstung über Menschenrechtsverletzungen in der Bevölkerung ist ja auch höchst selektiv. Alle gleichzeitig werden nie thematisiert, auch nicht in den Medien. Sonst würde sich sehr schnell zeigen, daß eine Interventionspolitik völlig überfordert wäre; eine Landkarte nur der massiven Menschenrechtsverletzungen würde schon die Aussichtslosigkeit der Intervention deutlich machen.

Was die Durchsetzung von Menschenrechten angeht, darf man nicht den innerstaatlichen Standard als Maßstab nehmen. Das kann ein Endziel sein. Es kann aber im Bereich der Außenpolitik und der Weltgemeinschaft, wie sie sich im Augenblick darstellt, kein Nahziel sein. Bei der Durchsetzung muß man vielmehr auch graduelle Fortschritte anerkennen.

Allein der Umstand, daß die DDR die Helsinki-Dokumente unterzeichnet hatte, hat es ermöglicht, daß man sich jedenfalls etwas gefahrloser als vorher im Gebiet der DDR auf Menschenrechte berufen konnte; man durfte sicher sein, daß dies Aufmerksamkeit im Ausland erzeugen würde.

Nun kann man natürlich das Wort Menschenrechte, wenn es für andere, die man dafür gewinnen möchte, anstößig ist, ersetzen. Wesentlich aber ist, daß man eine Rechtsposition hat aufgrund des einzigen Umstands, daß man Mensch ist. Und das ist nichts Selbstverständliches. Im größten Teil der Kulturen ist es nicht selbstverständlich, im größten Abschnitt unserer eigenen Vergangenheit war es nicht selbstverständlich. Man hatte Rechte in seiner Eigenschaft als Mitglied eines Standes oder als Mitglied einer Kaste oder als Angehöriger einer Kirche, einer Religion. Es waren aber immer abgeleitete Rechte. Man hatte sie nicht in seiner Eigenschaft bloß als Subjekt.

Ernst Joachim Mestmäcker:
Auch in der Sowjetunion hatte man subjektive Rechte nicht als Mensch, sondern als verliehene Rechte zur Förderung der Produktivität.

Günter de Bruyn:

Wir reden über Menschenrechte, als sei die europäische Aufklärung sozusagen unsere Religion. Das ist nicht viel anders, als ein Christ im 16. Jahrhundert darüber geredet hat, daß man die heidnischen Völker zum Christentum bekehren müßte.

Wenn die Weltgeschichte anders verlaufen und »Supermacht« nicht das stark europäisch bestimmte Amerika, sondern China oder ein islamischer Staat geworden wäre, wie sähe es dann aus? Wieweit können wir also von unserem Standpunkt der europäischen Aufklärung aus meinen, wir hätten sozusagen eine umfassende Moral für die ganze Welt? Und wieweit halten wir uns für berechtigt, Kulturen zu »bekehren«, die zum Beispiel nicht die Gleichberechtigung der Geschlechter als das für sie sittlich Richtige empfinden oder gar die Blutrache anerkennen?

Friedrich Dieckmann:

Es ist eigentümlich zu sehen, daß jene Freiheitsrechte, die wir Menschenrechte nennen, von der religiösen Toleranz bis zur Abschaffung der Leibeigenschaft und der Sklaverei, geschichtlich immer nur mit Gewalt durchgesetzt werden konnten, mit monarchischer Staatsgewalt, wie bei Friedrich II. und Joseph II., oder mit revolutionärer Volksgewalt. Gewaltausübung als Instrument gesellschaftlichen Fortschritts – das ist ein Feld von einiger Ambivalenz, gerade auch im Licht des gewaltlosen Zurücktretens des Staatssozialismus von der historischen Bühne.

Eine andere Frage ist, wie weit der Katalog der Grundrechte gehen muß, gehen darf. Dieter Grimm hat ihn mit Gründen eng gezogen; in der politischen Diskussion wird er oft weiter gefaßt. Es ist durchaus plausibel, das Recht auf Arbeit für ein Menschenrecht, ein Grundrecht anzusehen, dasselbe gilt für das Recht auf Freizügigkeit. Aber schon geraten wir in die Sphäre der Antinomien und Ambivalenzen. Das Recht auf Freizügigkeit ist, jenseits von Abkommen und Deklarationen, immer eine Funktion ökonomischer Strukturen und Verhältnisse gewesen, sowohl seitens derer, die es, etwa im kalten Krieg, einforderten, wie seitens derer, die es offiziell zugestanden, realiter aber verweigerten. Auch hier zeigten sich *double standards* in Kraft; wir erinnern uns, daß die USA ihre Bürger in der Hoch-Zeit des kalten Krieges nicht zu Tagungen ins Ausland reisen ließen, wenn diese im Geruch prokommunistischer Aktivitäten standen; das Gleiche kam im Westdeutschland der fünfziger Jahre vor. Später wurde das Recht auf Freizügigkeit gleichsam mit der Autorität eines Grundrechts ausgestattet; den sich als sozialistisch definierenden Gesellschaften galt das Recht auf Arbeit dafür. Kein Zweifel, daß beide Rechte, ernstgenommen, *objektiv* in einer Gegenbewegung stehen. Eine Gesellschaft, die das Recht auf Arbeit konsequent verwirklicht, kommt leicht in den Fall, ökonomisch zurückzubleiben und dann andere grundlegende Rechte zu beschränken – und eine Gesellschaft, die sich auf das Prinzip Freizügigkeit gründet, wird das Recht auf Arbeit nicht einlösen, ja nicht einmal verkünden dürfen.

Dieter Grimm hat sehr zu Recht auf die Bedeutung des Helsinki-Abkommens für die Situation innerhalb der sozialistischen Staaten verwiesen; auch hier zeigen sich Ambivalenzen. Die Tatsache, daß die DDR wie die andern Staaten des Ostblocks sich formal, aber eben auch formell auf allgemeine Rechtsgrundsätze verpflichtet hatten, stärkte einerseits die individuelle Rechtsposition in diesen Ländern und führte, in Gestalt der Staatssicherheitsumtriebe, andererseits zu einer absurden Vermehrung der Untergrundtätigkeit des Staates gegenüber seinen eigenen Bürgern. Also ein Widerspruch zwischen Idee und Wirklichkeit, Prinzip und gesellschaftlicher Gegebenheit, bei dessen Austrag die staatliche Machtausübung sich in die Illegalität ihrer selbst abgedrängt sah. Wir kennen die revolutionäre Auflösung dieses Widerspruchs, die einen neuen erzeugte. In dem Moment, wo das eine Rechtsprinzip – Freizügigkeit – in reale Geltung trat, verlor das andere – Recht auf Arbeit – seine Einklagbarkeit.

Marion Dönhoff:
Was Herr de Bruyn beschrieben hat, ist der Grund, weshalb Entwicklungsländer unsere Aktivitäten im Blick auf die Menschenrechte als Neokolonialismus bezeichnen. Sie sagen: Früher hattet ihr die Macht, heute erfindet ihr statt dessen ideologische Prinzipien. Ihr findet das Individuum und den Liberalismus am wichtigsten, für uns ist es die Gemeinschaft.

Individualismus versus Gemeinschaft: Können wir mit jenen, die die Gemeinschaft als das Wichtigste ansehen, die zum Beispiel Pressefreiheit verbieten, weil sie der Religion und den Interessen des Landes schadet, oder die Minderheitsrechte außer Kraft setzen, weil sie der Mehrheit schaden, können wir mit ihnen einen gemeinsamen Nenner finden?

Ernst Joachim Mestmäcker:
In dem Prozeß der Verrechtlichung ist es geradezu unerläßlich, mit einem hohen Grad an Formalität zu arbeiten, das heißt die elementaren Beeinträchtigungen, wie Herr Grimm das auch vorgetragen hat, zum Ausgangspunkt zu nehmen. Der Verzicht auf die Gewaltsamkeit der Konfliktlösung international wie auch im Innern scheint mir dabei ein Ansatzpunkt zu sein, der vermittelbar ist, ohne daß man die europäische Aufklärung in ihrer Gesamtheit dafür in Anspruch nehmen müßte.

Volker Hassemer:
Das Wort »elementar« ist natürlich zu verstehen auf dem Rechts- und Kulturhintergrund, den Sie vertreten. Mit den elementaren Positionen, die Sie beziehen – und über den Rest ließe sich dann wohl reden –, haben Sie einen Grundstatus festgelegt, der anderen notwendigerweise vorgegeben ist. Woher aber nehmen wir dieses Recht? Wissen wir, daß die Kultur, auf die wir uns beziehen, eine Vorrangigkeit beanspruchen kann gegenüber den kulturellen Entwicklungen und Wertungen, denen wir uns gegenübersehen?

Was wir wollen, ist doch die Allgemeingültigkeit von Prinzipien. Was gibt uns das Recht, aus einem begrenzten Raum sogenannte elementare Positionen für alle zu beziehen?

Ich will damit nicht sagen, daß wir prinzipienlos in die Auseinandersetzung hineingehen sollten. Ganz im Gegenteil. Mit hoher Motivation, mit hohem Selbstbewußtsein, mit hoher Entschiedenheit müßte das geschehen. Aber eben ohne Anspruch auf Gültigkeit. Sonst finden wir keine Gesprächspartner. Denn wie kann ich einem Gesprächspartner sagen, daß ich mit einem von vornherein größeren Recht die Erörterung über das, was für uns alle dann gelten soll, beginnen darf?

Ich glaube also, man müßte verbinden unsere Achtung der Meinung der anderen und den Anspruch auf die Chance des jeweils anderen, Werte zu finden. Denn wie können wir ein solches Prinzip individualistisch vertreten, aber im Hinblick auf andere Kulturen sofort vernachlässigen?

Für mich besteht deswegen ein unglaublicher Bedarf, dieses Thema überhaupt zu einem Thema zu machen. Da wir nämlich, behaupte ich, schon beim Vollziehen sind. Wir sind, ohne daß wir es zum Thema gemacht haben, angesichts entsprechender Gewaltmöglichkeiten, schon dabei, das, was dann für alle gültig sein sollte, zu vollziehen.

Helmut Schmidt:
Wer ist »wir«?

Volker Hassemer:
Einmal sind es die Amerikaner…

Helmut Schmidt:
Eben!

Volker Hassemer:
… und wir sehen zu. Einmal ist es die OECD, und wir sind dabei.

Helmut Schmidt:
Die OECD nicht.

Volker Hassemer:
Einmal ist es die Nato im Auftrag der UNO.

Richard von Weizsäcker:
Das stimmt überhaupt nicht!

Volker Hassemer:
Wer tritt denn über Grenzen hinaus mit welchem Recht und unserem Beifall auf? Ich behaupte wirklich, wir sind beim Vollziehen und haben uns der offenen Diskussion, ob das, was wir vollziehen, richtig ist, nicht gestellt.

Richard von Weizsäcker:
Wir sind global in einer lebhaften Debatte. Das eine Lager ist mehr individuell, das andere mehr gemeinschaftsbezogen; die einen schwören auf Moses, die anderen auf Konfuzius.

Nun kann man aber doch nicht das, was in der Allgemeinen Erklärung der Menschenrechte bei den Vereinten Nationen vereinbart worden ist, einfach nur als amerikanischen Imperialismus abtun.

An den Amerikanern finde auch ich besonders ärgerlich, was Marion Dönhoff angesprochen hat, die Art des Verhaltens je nach Interessenlage. Trotzdem ist es mehr als nur die historisch gewachsene Präponderanz der amerikanischen Macht, die uns in diese Sache hineingebracht hat.

Ich finde die Debatte, die wir führen, sehr fruchtbar. Es ist ja ganz richtig, daß Sie sagen, wir sind im Vollzug und sozusagen verfrüht im Vollzug. Aber die Debatte zwischen den Konfuziuserben und den Aufklärungsnachkommen hier in Europa ist doch ganz nützlich.

Warum sollten wir uns nicht von Konfuzius sagen lassen, daß es gar nicht so schlecht ist, die Eltern zu ehren, das Alter zu achten und ähnliches?

Bei aller Einseitigkeit durch die Machtverteilung in der Welt ist also, meine ich, mehr gemeinsame Substanz verwertbarer Art in der Deklaration der Menschenrechte enthalten.

Damit verbinden wollte ich eine Frage an Helmut Schmidt. Sie stellen den Menschenrechten die Menschenpflichten gegenüber. Gibt es bei der Vereinbarung der Autoren der »Erklärung der Menschenpflichten« ähnliche Nord-Süd- oder Ost-West-Konflikte, wie wir sie bei den Menschenrechten diskutieren, ohne daß wir schon ganz einig wären, wie tief diese Diskussion geht?

Helmut Schmidt:

Das Konzept von Menschenrechten ist ein relativ neuer Bestand unserer Zivilisation. Er rührt aus der Aufklärung. Im Neuen Testament steht kein Wort von Rechten. Die ganze christliche Entwicklung kennt keine Rechte, sondern Gebote.

Diese Menschenrechte – oder Grundrechte, wie sie bei uns heißen – sind inzwischen in den westlich-demokratischen Staaten weitgehend verwirklicht, wenn auch oft genug perforiert. Aber in den islamisch geprägten Gesellschaften – immerhin neunhundert Millionen Menschen –, in den konfuzianisch geprägten Kulturen – China, Korea, weitgehend Japan, bald anderthalb Milliarden Menschen – spielen Menschenrechte weder im Konzept, im Ideal, noch in der Wirklichkeit eine sonderliche Rolle. Übrigens auch nicht in überwiegend hinduistisch geprägten Gesellschaften, insbesondere nicht in

Indien, obwohl dort unter englischem kolonialpolitischem Einfluß englische Rechtskonzepte sehr stark verankert worden sind.

Es kann also überhaupt keine Rede davon sein, daß das Prinzip der Menschenrechte allgemeines, universal akzeptiertes Rechtsprinzip, Bestandteil des Völkerrechts sei. Das gilt nicht für Asien, es gilt nicht als Völkerrecht in Afrika.

Und der Westen, genauer gesagt: die Amerikaner, bei allem Idealismus, der sie auszeichnet, haben in der Praxis ihrer Außenpolitik von dem Prinzip der Menschenrechte bisher einen außerordentlichen selektiven Gebrauch gemacht. Wenn es gegen die Sowjetunion ging, selbstverständlich! Gegen China, selbstverständlich! In Taiwan haben Generationen lang dieselben Verhältnisse für den einzelnen Menschen geherrscht wie in der Volksrepublik China, aber niemals haben die Amerikaner die Taiwanesen angeklagt. Niemals haben sie Saudi-Arabien angeklagt, in dem viele Menschen, zumal alle Frauen, nach wie vor keine Menschenrechte genießen. Wohl aber den Iran! Wohl aber Irak! Israel wird nicht angeklagt wegen der vielfachen Verletzung von Menschenrechten in den von Israel besetzten Gebieten der West Bank oder des Gazastreifens.

Wenn ich das betrachte mit den Augen eines muslimischen Priesters, sei es auch eines so toleranten Menschen wie des Großscheichs der Al-Azhar-Universität, dann muß ich den Eindruck gewinnen, daß die Praxis der Vereinigten Staaten von Amerika im Laufe der letzten Jahrzehnte das Prinzip der Menschenrechte gemacht hat zu einem Instrument zur Durchsetzung eigener politisch-strategischer oder ökonomisch-strategischer Interessen. Und wenn ich es betrachte mit den Augen eines Chinesen, komme ich wieder zu einem anderen Ergebnis. Und wenn ich statt des Großscheichs der Al-Azhar-Universität mich an die Stelle von Mahathir denke, der ein Muslim in Kuala Lumpur ist, oder an die Stelle von Lee Kuan Yew, der ein Konfuzianer in Singapur ist, komme ich zum selben Ergebnis: Den Vorwurf, bei mir würden die Menschenrechte nicht ausreichend gewährleistet sein, empfinde ich als Premierminister von Malaysia oder als Premierminister von Singapur als ein Instrument amerikanischer Politik, die in meinem Bereich dominieren möchte.

Solange dieser Eindruck bei den Sprechern, den politischen Führern großer Kulturen und wichtiger Staaten vorherrscht, solange kann ich bloß davor warnen, an eine grenzüberschreitende Durchsetzung von Menschenrechten zu denken, die auf der anderen Seite bisher nicht akzeptiert worden sind.

Viele asiatische geistige und politische Führer verweisen mit einer ganz erheblichen Berechtigung darauf, daß so alte Kulturen wie etwa der Konfuzianismus ein anderes moralisches Konzept entwickelt haben. Es ähnelt mehr Immanuel Kant, der auch nicht von Rechten, sondern von Pflichten spricht. Konfuzius redet von Pflichten, nicht nur für den Bürger, auch für den Provinzgouverneur, insbesondere aber auch von Pflichten für den Kaiser, für die Regierenden. Das Ganze ist aufgebaut auf einem Pflichtethos und nicht auf einem Ethos von Rechten der einzelnen Person.

In den größten Teilen Asiens gilt dieses Prinzip von Pflichten, gegenüber den eigenen Kindern, gegenüber den eigenen Eltern, gegenüber der eigenen Gruppe, in

Japan sehr stark ausgeprägt gegenüber der eigenen Firma. Dieses Prinzip spielt dort eine viel größere Rolle als das Bewußtsein, daß der Einzelne Rechte habe.

Die Menschenrechtsdiskussion im Westen muß sich darüber klar werden, daß Rechte auch Pflichten bedingen. Meine uferlose Ausschöpfung von Rechten ohne meine Verantwortung, ohne meine Pflichten gegenüber anderen halte ich persönlich jedenfalls für unmoralisch.

Im deutschen Grundgesetz finden sich in den Artikeln 1 bis 19 nur Rechte. Es gibt zwei Ausnahmen. Die eine Ausnahme ist später eingefügt worden, aber nicht in Form einer »Wehrpflicht«, sondern in Form einer Ermächtigung der Regierung, eine Wehrpflicht einzuführen. Die andere Ausnahme ist eine halbe: die Sozialbindung des Eigentums, die ohne Konkretisierung geblieben ist. Ansonsten nur Rechte.

Danach wird in unseren Schulen erzogen, danach wird in unseren Universitäten erzogen. Zur Pflicht, zur Verantwortung kaum irgendwo.

Richard von Weizsäcker:

»Die Würde des Menschen ist unantastbar« ist doch mindestens so sehr eine Pflicht wie ein Recht.

Helmut Schmidt:

Ich hoffe. Ich sehe viele Menschen in Deutschland, die meinen, *ihre* Würde sei unantastbar – aber nicht unbedingt auch die des anderen.

Mir scheint dringend notwendig, daß Brücken gebaut werden zur gegenseitigen Toleranz. Das setzt gegenseitiges Verständnis voraus. Der InterAction Council, den Richard Weizsäcker mit seiner Frage angesprochen hat,

hat seit 1987, intern und ohne Publicity, geistige und geistliche Vertreter wie auch politische Vertreter aus fünf Erdteilen und aus allen großen Religionen der Welt, einschließlich der konfuzianischen Philosophie und der kommunistischen oder marxistischen Ideologie zusammengeholt und sich unter anderem die Frage gestellt, ob es nicht über den ganzen Globus hinweg einen Minimalkonsens geben muß über ethische Grundprinzipien? Das hat zu einem Entwurf geführt, der gegenwärtig die Überschrift trägt: Universal Declaration of Human Responsibilities. Nicht um die Declaration of Human Rights beiseite zu schieben, sondern um sich an ihre Seite zu stellen. 1998 ist die Menschenrechtserklärung ein halbes Jahrhundert alt. Vielleicht ist das eine gute Gelegenheit, eine weltweite Debatte darüber in Gang zu setzen.

In Deutschland scheint mir die Gewährleistung von Grundrechten oder von Menschenrechten nicht das dringendste Problem zu sein. Unser dringendstes Problem ist die Schaffung des Bewußtseins von Verantwortlichkeit. Es fehlt am Pflichtbewußtsein. Ansprüche werden gepredigt, Ansprüche werden zum Teil brachial vertreten. Rechte werden gepredigt. Pflichten werden nicht gepredigt.

Und international haben wir die Pflicht, uns einzustellen auf völlig anders gewachsene Kulturen. Das Prinzip der Menschenrechte bei uns im Westen ist keine 250 Jahre alt. Der Konfuzianismus ist zehnmal so alt, ähnlich der Hinduismus, der Islam weit mehr als 1200 Jahre. Und da gehen wir hin und erzählen denen, was sie gefälligst zu akzeptieren haben?

Dieter Grimm:

Das Alter allein ist natürlich kein Gütesiegel. Man hat in der Vergangenheit auch manches falsch gemacht. Das Alter macht Kulturen vielleicht ehrwürdig, aber nicht unbedingt verteidigungswürdig.

Manchmal wird einem die Problematik an einem Erlebnis besonders klar. Ich habe vor einigen Jahren die erste deutsche Lehrerin getroffen, die in China deutsche Literatur, und zwar deutschen Idealismus, lehren sollte. Das geht natürlich nicht, ohne daß man über Individualismus und Autonomie spricht. Das hat sie getan, und das Ergebnis war, wie sie mir erzählte, daß die chinesischen Schüler und Studenten über Monate hinweg nicht verstanden, worum es geht. Als sie schließlich glaubten, es verstanden zu haben, war ihre Reaktion: »Das ist ja schrecklich!«

Ich ziehe daraus die Konsequenz, daß man bei der Frage der Menschenrechte und ihrer Verbreitung eine Basis suchen muß, die soweit wie möglich kulturenunabhängig ist. Das aber kann man nur tun, wenn man fragt: Gibt es bestimmte menschliche Basisinteressen, von denen man annehmen kann, daß sie ein Mensch hat, gleich ob er im Konfuzianismus, im Hinduismus, in der westlichen Welt oder in Amerika groß geworden ist?

Ich denke, es gibt solche Basisinteressen. Das ist einmal das Interesse, am Leben zu bleiben, auch dann, wenn man nicht mit der herrschenden Auffassung übereinstimmt. Das ist das Interesse, nicht gefoltert zu werden – wobei »Folter« für eine breitere Palette steht; ich habe das als psychische und physische Integrität bezeichnet. Aber auch das Interesse, eine Gruppe, wenn es einem dort wegen ihrer Wertvorstellungen oder Verhaltensweisen unerträglich wird, verlassen zu können, gehört dazu.

Das wäre eine Ausgangsposition, bei der man kulturelle Differenzen vermeiden und sich gleichzeitig Verständigungschancen ausrechnen kann. Ich vermute allerdings, daß die Anerkennung solcher Minimalpositionen Weiterungen hat. Aber es wäre schon etwas gewonnen, wenn man sich darauf geeinigt hätte. Über die Weiterungen, etwa im Bereich des freien Äußerns der Meinungen oder des ungehinderten Hereinlassens von Informationen könnte man sich dann unterhalten.

Volker Hassemer:
Das »Austrittsrecht« klingt als wirklich minimale Basis sehr einleuchtend. Nun war sehr spannend, was Herr Schmidt über die Verpflichtungen in Gemeinschaften gesagt hat. Das hat wohl auch damit zu tun, daß solche Verständnisse den Austritt aus derartigen gemeinsamen Verantwortungen nicht ohne weiteres zulassen. Man muß also mindestens prüfen, ob nicht schon dieser Satz, der so einleuchtend erscheint, gewogen und erörtert werden muß.

Es ist doch eine merkwürdige Diskrepanz, wie sehr wir auf den Menschenrechten bestehen und wie wenig wir zugleich investieren, darüber mit anderen ins Gespräch zu kommen. Wir wenden sie eher an, als daß wir in unserer ja prinzipiell toleranten und offenen Grundposition bereit sind, mit diesen anderen Kulturen das uns so Wichtige zu erörtern. Und wir tun dies in der Achtung, in dem Respekt vor anderen, auch vor lange gewachsenen, lange erfolgreichen und glückspendenden Kulturen. Also gerade nicht mit dem Primat von Sonderrechten für uns, sondern von Respekt, von Lernwilligkeit, von Offenheit. Das ist alles nicht als Prinzipienlosigkeit mißzuverstehen, sondern zu sehen als Interesse nicht nur für unsere Prinzipien, sondern auch für andere, wissend, daß auch wir in der Entwicklungsgeschichte unserer Kultur uns sehr oft geirrt haben und heute an einem Stand angelangt sind, aber vielleicht doch nicht an dem richtigen.

Natürlich bin ich auch überzeugt, daß es in China so nicht gehen kann. Aber wenn ich mich selbst kontrolliere, woher ich das Recht nehme, so zu sprechen, oder weshalb ich überhaupt die Erwartung haben kann, mit einer solchen Position einzutreten in den Versuch, gemeinsame Gültigkeiten festzustellen, kann ich wiederum auch nur sagen, daß es so nicht gehen kann. Selbst die Minimalbasen, die Sie genannt haben, sind schon wieder geprägt von der sehr respektablen, von uns allen geteilten Entwicklung, und nicht von dem, was ich nannte Respekt, Interesse und Offenheit. Das Wort »Toleranz« verwende ich in dem Zusammenhang nicht, weil es, glaube ich, nicht paßt.

Friedrich Dieckmann:

Die Trinitas der unabdingbaren Primärrechte, die uns Herr Grimm vorgetragen hat, scheint mir in ihrem letzten Punkt anfechtbar. Die Erfahrung lehrt, daß für den Typus der »geschlossenen«, strikt hierarchisch formierten Gesellschaft, wo und wie er sich immer findet: in Staaten, Parteien, religiösen Sekten etc., das Recht auf Austritt ein Sprengmittel ersten Ranges ist. Das Problem zeigt sich bei einer Organisation wie Scientology; in der DDR zeigte es sich für die Monopolpartei selbst wie im

Staatsganzen. Das Recht auf Austritt impliziert ja auch den Austritt aus einem staatsbürgerlichen Verband, also das Recht auf Auswanderung, das mit dem auf Einwanderung zwangsläufig verknüpft ist. Auch heute noch werden das viele Staaten in der Welt als so sprengkräftig empfinden, daß es als unabdingbares Basisrecht nicht konsensfähig erscheint. Natürlich haben auch die beiden ersten von Grimm angegebenen Elementarrechte, als universelle gesellschaftliche Zielvorgaben formuliert, etwas Sprengendes, wie der Blick auf Geschichte und Gegenwart zeigt. Die Spannung zwischen Recht und Gebot ließe sich hier in einem Begriff aufheben, den Albert Schweitzer als einen zentralen erkannte und formulierte: *Ehrfurcht vor dem Leben.* In diesem Postulat verbinden sich Rechte und Pflichten in keineswegs unverbindlicher Weise; das Wort bezeichnet eine Orientierung, auf die sich die Weltkulturen und sogar die Weltstaaten einigen könnten.

Giuseppe Vita:

Die Menschenrechte basieren auf dem Unrecht, das die Menschheit erfahren hat. Das ist vielleicht ein Grund dafür, weshalb die ersten 19 Artikel des Grundgesetzes nur auf Rechte pochen. Und diese Erfahrung gab es in den meisten Ländern: in Deutschland mit dem Nazismus, in Italien mit dem Faschismus; die Französische Revolution war eine Reaktion auf bestimmtes Unrecht; ähnlich auch in den USA, wo die Sklaverei und der Bürgerkrieg die Basis waren für die Demokratie, die Freiheit und alle möglichen Rechte.

Menschenrechte sind also ein Prozeß der Evolution, und jedes Land befindet sich, je nach seiner eigenen Geschichte und Erfahrung, bezüglich der Menschenrechte auf einem unterschiedlichen Niveau. Bei uns ist es sehr hoch. Andere Länder müssen die Erfahrungen erst noch machen.

Eine global gültige Menschenrechtslehre kann es deshalb nicht geben. Wir müssen vielmehr akzeptieren, daß andere Länder, andere Völker eine andere Sensibilität für Menschenrechte haben als wir.

Volker Hassemer:
Innerhalb des Landes, innerhalb des nationalen Rechts schien mir das Prinzip der Austrittsmöglichkeit besonders einleuchtend.

Friedrich Dieckmann:
Es ist sehr wünschenswert, und ich halte es auch für ein Grundrecht; es bezeichnet eine wesentliche Freiheitskategorie. Nur halte ich es im Weltmaßstab für weit weniger konsensfähig als die beiden andern Maximen.

Helmut Schmidt:
Es gibt ein Gebot, das nicht nur im Weltmaßstab konsensfähig ist, sondern das bereits überall gilt. Das ist das, was die Theologen die »Goldene Regel« nennen; das findet sich in allen Weltreligionen, im Hinduismus, Islam, Christentum, Judentum, auch bei Konfuzius, dort besonders ausgeprägt. Immanuel Kant hat das in einer sehr verfeinerten Formulierung in seinen »kategorischen Imperativ« gekleidet. Einfach ausgedrückt: »Was du nicht willst, das man dir tu, das füg auch keinem andern zu.« Es muß ins Bewußtsein gehoben werden, daß dieses gemeinsamer ethischer Grundbestand ist.

Ernst Joachim Mestmäcker:
Wenn man das Austrittsrecht als ein universales Recht formuliert, dann muß dem eine universale Pflicht zur Aufnahme entsprechen. Damit wird die Tragweite deutlich.

Dieter Grimm:
Ein weiteres Problem sind die Investitionen, die eine Gesellschaft, aus der jemand austritt, für ihn erbracht hat und für die sie auch eine Gegenleistung erwartet.

Friedrich Dieckmann:
Das haben die DDR-Instanzen im Blick auf die hundertprozentig aus Staatsmitteln finanzierten Ausbildungsstätten des Landes immer in Anschlag gebracht.

Volker Hassemer:
Ein Problem liegt auch darin, mit der Lücke, die der Austretende hinterläßt, zurechtzukommen.

Ernst Joachim Mestmäcker:
Ein Austritt aus dem Kibbuz ist ungeheuer umstritten.

Günter de Bruyn:
Oder ein Austritt aus Familienverbänden.

Dieter Grimm:
Mir ist die Problematik schon bewußt. Trotzdem glaube ich, solange man nicht einen weitergehenden Katalog von Menschenrechten konsensfähig machen kann, solange es bei den Basispositionen bleibt, muß es die Möglichkeit, gehen zu können, geben.

Helmut Schmidt:
Ist das nicht ein weitgehend theoretisches Problem?

Volker Hassemer:
Wenn Mädchen hier in Berlin mit 16 oder 18 Jahren nicht mehr in der stringenten Herrschaft ihrer Familie bleiben wollen, was tun wir mit denen? Das ist ein permanentes konkretes Problem.

Dieter Grimm:
Oder wenn sie den nicht heiraten wollen, den ihnen ihr Clan vorschreibt?

Volker Hassemer:
Ich habe bewußt von 16 und 18 Jahren gesprochen. Mit 18 Jahren haben diese Mädchen nicht das Recht, ihre Familie zu verlassen – nicht nach dem Rechtssystem der islamischen Familie, nach unserer Vorstellung schon.

Helmut Schmidt:
Sie haben bei uns das Recht – aber es ist unvernünftig.

Dieter Grimm:
Hier stellt sich wieder die Frage: Nimmt man die Angehörigen anderer Kulturen nur dann auf, wenn sie sich nach unseren Bedingungen richten, oder gibt man von den bei uns herrschenden Bedingungen »Rabatt« aufgrund von sittlichen oder religiösen Geboten, die sie glauben erfüllen zu müssen?

Friedrich Dieckmann:
Koexistenzprobleme entstehen vor allem dort, wo von Kultur gar nicht die Rede sein kann. Sie ergeben sich nicht aus der Intoleranz gegenüber bestimmten religiösen Gebräuchen, sondern beispielsweise aus der Empfindlichkeit gegenüber Lärmerzeugung. Wenn eine islamische Familie zu Radiolärm ein völlig anderes Verhältnis hat als eine nahewohnende deutsche, so ist das weniger eine Kultur- als eine Unkulturfrage. Die kann ebenso im Umgang deutscher Familien untereinander auftreten, aber da wird sie nicht so schnell als kulturelle Toleranzfrage aufgeworfen.

Marion Dönhoff:
Ich glaube, daß der Lebenserhaltungstrieb gar nicht in diesem Sinne zu universalisieren ist. Für die Inder zum Beispiel ist das kein Problem: Man braucht das Leben nicht zu erhalten, denn man hat ja ein weiteres.

Richard von Weizsäcker:
Was ist der »Rabatt«, an dem es für eine vernünftige Multikulturalität bei uns fehlt? Sind das Normen oder Empfindungen oder konkrete Verhaltensweisen? Ist es ein Mangel an öffentlichem Bewußtsein?

Dieter Grimm:
Ich weiß gar nicht, ob bei uns soviel Rabatt fehlt. Wir sind, wenn wir andere Nationen betrachten, auf einem vergleichsweise akzeptablen Mittelweg.

Richard von Weizsäcker:
Sie haben Frankreich und Deutschland in einem Atem genannt. Das fand ich sehr auffallend.

Dieter Grimm:
Frankreich ist erheblich strikter als wir.

Richard von Weizsäcker:
Eben.

Dieter Grimm:
Wenn ich eine Skala mit den Polen Amerika und Frankreich zeichne, bewegen wir Deutschen uns dazwischen. Das Problem aber hat sich verschärft. Es war lange Zeit ein theoretisches Problem. Die Fremden, die hier waren, gehörten überwiegend ebenfalls zum europäischen Kulturkreis. Jetzt sind es ganz andere Dimensionen.

Das zeigt sich ja auch in der Rechtsordnung. Darf ein islamisches Mädchen im Tschador zur Schule gehen? Die Franzosen sagen nein, natürlich nicht. Darf sie vom Turnunterricht befreit werden? Die Franzosen sagen nein, selbstverständlich nicht, wenn sie bei uns in die Schule geht. Darf ein Sikh, der den Turban tragen muß, von der Helmpflicht beim Motorradfahren befreit werden? Darf jemand, der Tieropfer bringen muß, wobei das Tier lebend zu schlachten ist und vorher nicht betäubt werden darf, dies tun angesichts unserer Vorstellungen von Tierschutz? Mädchen aus bestimmten Kulturen müssen beschnitten werden, oft sehr grausam. Darf das auch sein, wenn es hier geschieht? Sie werden von ihrer Familie verheiratet, sie haben selbst keinen Einfluß darauf, wen sie heiraten. Das darf in ihrer Kultur sein, darf es auch sein, wenn es hier geschieht? Manche Religionsangehörige dürfen freitags oder samstags nicht arbeiten. In Israel wird die Frage diskutiert, ob bestimmte Straßen von Freitagabend bis Samstagabend gesperrt werden müssen.

Wieviel Toleranz können wir gewähren, ohne daß wir mit Grundannahmen unserer eigenen Rechtsordnung in Konflikt kommen? Beim Turban des Sikh und beim Tschador des Mädchens habe ich keine Probleme. Sie verletzen niemand. Große Probleme habe ich dagegen, wenn gesagt wird, man wird verheiratet, man wird beschnitten. Ich finde, daß unsere Gesellschaft bisher nicht zu einem akzeptablen Unterscheidungsprinzip gefunden hat. Es geht sehr stark nach dem jeweils aufkommenden Einzelfall. Aber die generelle Tendenz, die Alltagstendenz sozusagen ist: Wer hier ist, soll sich so verhalten, wie das bei uns üblich ist.

Das ist ein Standpunkt, den man, wenn man andere Kulturen respektiert und ihnen auch Rechtecharakter zuweist, nicht mehr aufrechterhalten kann. Die Frage ist: Wo wird das für eine Gesellschaft desintegrativ? Ich glaube, es gibt viele Bereiche, wo Ausnahmen von der Rechtsordnung aufgrund religiöser oder sittlicher Gebote die Gesellschaft und ihren Zusammenhalt nicht sprengen.

Ernst Joachim Mestmäcker:

Die Rechtsprechung des amerikanischen Supreme Court bestätigt beinahe in vollem Umfang die von Ihnen vorgeschlagenen Kriterien. Es gibt ein berühmtes Urteil während des Zweiten Weltkriegs über Gesetze der Einzelstaaten, nach denen die amerikanischer Flagge zu grüssen war. Die Zeugen Jehovas haben sich geweigert und wurden ins Gefängnis gesteckt. Der Supreme Court hat entschieden, solange die Sicherheit der Vereinigten Staaten durch nichts weiter bedroht ist als durch die Zeugen Jehovas, die die Flagge nicht grüßen, besteht für uns keine Gefahr; das Gesetz wurde für verfassungswidrig erklärt.

Die Grenze wurde in der Rechtsprechung erreicht in der Frage der Mehrfachehe der Mormonen. Da hat der Supreme Court entschieden: Die Monogamie ist Teil unserer Verfassungsordnung, und wir können diese abweichende Religion nicht als staatlich anerkannt akzeptieren.

Günter de Bruyn:

Bei den genannten Beispielen ist mir bewußt geworden, wie leichtfertig doch viele Leute bei uns von der Multikulturalität sprechen, ohne daß einem jemand erklären könnte, wie weit das eigentlich geht.

Ich frage mich zum Beispiel, was mit der Sprache als Kulturgut ist. Inwieweit verlangen Staaten von anderen Kulturen, die in ihnen leben, die Beherrschung der Sprache? Damit ist das Problem der Gettobildung in einem anderen Land angesprochen. Auf der anderen Seite kann sich, wenn man die Dinge sehr ausweitet, das Land völlig verändern.

Ich vermisse bei all diesen Diskussionen also eine klare Festlegung.

Friedrich Dieckmann:

Wäre sie überhaupt möglich? Jeder dieser Fälle ist einer für sich; man muß von Fall zu Fall die Gesichtspunkte abwägen. Natürlich kann man niemanden, der in Deutschland lebt, zwingen, Deutsch zu lernen, aber man kann, wenn er schon lange hier lebt, die Beherrschung der Landessprache zum Kriterium der Einbürgerung machen, was dann wiederum einen besonderen Deutschunterricht für ausländische Schüler erfordert. Dem Staat fehlt es auf diesem Feld oft an schöpferischer Phantasie. Etwa die Frage religiös oder folkloristisch bestimmter Kleidersitten bei ausländischen Schülern – sie ließe sich sofort lösen durch die Einführung einer einheitlichen Schulkleidung für alle. Damit würden auch soziale Unterschiede weniger kenntlich.

Günter de Bruyn:
Die islamischen Familien würden ihre Kinder nicht mehr zur Schule schicken, die wären sofort dagegen.

Friedrich Dieckmann:
Auch die nichtislamischen Kinder müßten sich dann einer Regel fügen, die der Staat allen auferlegt und die bei den Einheimischen die Kleidungsdifferenzierung zwischen Arm und Reich aufhöbe. Wenn die staatliche Schule islamischen Mädchen bestimmte Kopftücher untersagt, die Auswüchse einheimischer Moden bei deutschen Kindern aber hinnimmt, so ist sie den islamischen Eltern gegenüber in einer viel schlechteren Lage als bei der Anordnung einer einheitlichen Kleidung für alle. So etwas würde ich eine schöpferische Aufhebung nennen.

Volker Hassemer:
Das ist ja ganz furchtbar! Dann wird es vielleicht zu einem Problem, daß Leute in der Schule bestimmte Lieder

singen. Und Sie lösen das dann so, daß Sie nur noch drei gemeinsame Lieder vorschreiben. Die singen dann alle. Damit ist auch das ungeliebte Lied nicht mehr erlaubt, aber alle müssen die drei Lieder singen.

Helmut Schmidt:
Man muß viele dieser Probleme der zukünftigen Evolution unserer Gesellschaften überlassen. Einer der Urväter von europäischer Demokratie, Perikles, hatte selbstverständlich seine Sklaven. Einer der Urväter amerikanisch-liberaler demokratischer Vorstellungen, Thomas Jefferson, hatte selbstverständlich Sklaven, sechzehn an der Zahl – es ist erst in der zweiten Hälfte des vorigen Jahrhunderts gelungen, die Menschenrechtsvorstellungen der Amerikaner soweit zu treiben, daß die Sklaverei abgeschafft wurde, jedenfalls offiziell.

Dieses Konzept der Menschenrechte hat sich also langsam entwickelt. Es war zunächst ganz selektiv, es galt nur für bestimmte Schichten, dann wurde es langsam ausgeweitet. So bedarf das Zusammenleben der Kulturen auch der Evolution. Ich habe ein gewisses Vertrauen in diese Entwicklung, immer vorausgesetzt, daß wir uns selber und unsere Kinder und Enkel und Schüler und Studenten und Pfarrer und Politiker und was weiß ich wen zur Toleranz erziehen. Was wir nicht tun.

Wir haben zunächst, um Arbeitskräfte zu gewinnen, zweieinhalb Millionen Türken ins Land geholt. Anschließend haben wir es ihnen nicht ermöglicht, daß ihre Kinder, soweit sie es damals noch wollten, Deutsche werden konnten. Dann haben wir aus einem völlig überzogenen Idealismus heraus Massen an Asylbewerbern ins Land geholt, die sich zum Teil überhaupt nicht einfügen in unsere Gesellschaft. Und nun wissen wir nicht, wie wir damit umgehen sollen.

Das Toleranzgebot, zu dem wir uns erziehen müssen, also auf der einen Seite. Auf der anderen Seite aber die Erkenntnis, daß es sehr leichtfertig ist, ohne wirkliche Not aus der eigenen Gesellschaft eine multikulturelle zu machen. Hier wird die Gesellschaft überfordert.

Ernst Joachim Mestmäcker:

Ein Beispiel, das uns unter Umständen auch in der EG noch erhebliche Probleme bereitet, ist die türkische Gesetzgebung, die jetzt die Koranschulen verboten hat, um die Islamisierung des Landes zu verhindern. Dies ist nach unseren Maßstäben auch grundrechtlich eine höchst fragwürdige Entscheidung. Mit einer Aufnahme der Türkei in die EU aber würden wir das Problem importieren. Dies ist eine Illustration dafür, daß es offenbar eine Toleranzgrenze gibt, wenn eine Gesellschaft bestimmte Vorstellungen von sich selbst hat.

Dieter Grimm:

Wir würden das Problem sicherlich unterschiedlich behandeln und in der Türkei nicht intervenieren, wenn dort Koranschulen verboten werden. Wir würden aber sehr wohl bereit sein zu intervenieren, wenn bei uns türkische Familien sagten, ein Besuch der staatlichen deutschen Schulen komme für sie nicht in Betracht. Das würden und müßten wir wohl auch anders beurteilen.

Das Land Nordrhein-Westfalen hat die Koranschulen in die staatlichen Schulen hineingezogen, es gibt in den Schulen des Landes Nordrhein-Westfalen islamischen Religionsunterricht. Das hat zu großem Protest türkischer Bevölkerungskreise geführt. Das Land macht es einerseits, um anzuerkennen, daß dies eine religiös geprägte Gruppe ist, die ein Recht darauf hat, ihre Vorstellungen auch im deutschen Unterricht zu pflegen. Es macht es aber natürlich auch, um die Dinge aus dieser Gemeinschaft herauszuziehen und unter staatliche Kontrolle zu nehmen und zu kanalisieren, so daß gerade diejenigen Lehrer, die für besondere Intoleranz bekannt sind, keine Indoktrinationschance mehr haben.

Richard von Weizsäcker:

Ich finde die Unterhaltung über den Multikulturalismus in der eigenen Gesellschaft etwas zu stark bezogen auf die Vorstellung, daß da Religionen als Kulturen miteinander im Konflikt stehen. Es wird weniger in Betracht gezogen, daß alle Religionen in unserer Gesellschaft primär nicht durch Religiosität, sondern durch allmähliche Säkularisierung geprägt sind.

Hier ist über die Türken gesprochen worden. Sie haben nicht die Koranschulen verboten, sondern das achte Schuljahr obligatorisch gemacht und dadurch faktisch die Koranschulen in eine schwierige Lage gebracht. Das tun sie – und das ist bekanntlich in erster Linie die Generalität oder die Armee –, um dem Kemalismus treu zu bleiben. Und das ist im Prinzip eine Tendenz, die wir von Europa her immer begrüßt haben. Diesen Kemalismus nicht zu entmutigen, sondern zu stärken, ohne daß daraus nun eine türkische Demokratie wird, die grundsätzlich nur von Generalen geleitet werden kann, ist doch unser Bestreben.

Es ist doch auch bei uns gar nicht in erster Linie ein Konflikt zwischen dem Islam und dem Christentum, sondern wir haben einen Konflikt hier in Berlin immer gehabt zwischen kulturell stark gebundenen Großeltern und Eltern der türkischen Familien und ihren säkularisierten Kindern, die sich dem Säkularismus ihrer Berliner Mitschülerinnen und Mitschüler mehr und mehr angepaßt haben. Da waren Konflikte, wenn es sie überhaupt gab, immer mehr bezogen auf Fragen wie Wohnraum, Arbeitsplätze, Ausbildungsplätze und ähnliches, es waren eigentlich keine größeren kulturellen oder religiösen Konflikte.

Natürlich kann der soziale Konflikt seinerseits dann wieder Folgen haben durch Zunahme der kulturellen und religiösen Tendenzen. Das ist doch ein wesentlicher Grund auch dessen, was wir den Fundamentalismus in Nordafrika nennen. Aber ich finde nicht, daß man den Multikulturalismus so stark oder nahezu ausschließlich auf Konflikte kulturell-religiöser Gebräuche zuschneiden soll.

Dieter Grimm:

Wenn man die Fälle, in denen das Problem die Gerichte erreicht, betrachtet, ist es eigentlich immer so, daß religiös motivierte Verhaltenspflichten auf eine säkularisierte Gesellschaft treffen. Deswegen würde ich das nicht unterschätzen. Wir sind eine säkularisierte Gesellschaft und nicht mehr gewohnt, daß jemand auf Glaubensprinzipien besteht und aus religiösen Motivationen nicht bereit ist, Konzessionen zuzulassen. Das ist bei uns ungewöhnlich geworden, wird etwas belächelt und als antiquiert angesehen. Es gibt aber viele, für die Glaubensanforderungen alles andere überragen.

Deswegen kristallisiert sich das Problem immer an

der Frage: Welche Ausnahmen läßt man aus religiösen oder sittlichen Gründen von einem allgemeinen Gesetz zu, das die Gesellschaft für sich als verbindlich mit demokratischen Prozeduren beschlossen hat? Wir haben generell ein Schächtungsverbot beschlossen – aber nicht, wenn jemand aus religiösen Motiven schächtet. Bei uns wird man für unterlassene Hilfeleistung bestraft – wollen wir eine Ausnahme aus religiösen Motiven zulassen, etwa wegen der Vorstellung, daß nicht der Arzt, sondern das Gebet heilt? Wir garantieren den gleichen Zugang zu Bildungseinrichtungen für Männer und Frauen. Wollen wir eine Ausnahme machen, wenn eine Religion es verbietet, daß Frauen eine höhere Bildung erreichen? Es gibt die Rechtspflicht, daß jeder die Arbeitszeit einhält. Wollen wir davon eine Ausnahme machen, wenn jemand aus religiösen Gründen die Arbeitszeit nicht einhält?

So stellt sich also die Frage konkret: In welchem Umfang ist eine Gesellschaft bereit und in welchem Umfang ist es für sie akzeptabel, von allgemeingültigen, als vernünftig anerkannten Normen Ausnahmen zu bewilligen für jemanden, der aus einem anderen kulturellen und religiösen Kreis kommt und glaubt, so nicht handeln zu dürfen, wie es hier die Gesetze vorschreiben?

Die Mittwochsgesellschaft
vom 8. Dezember 1997

Menschenrechte – Teil II

Grundrechte – Grundpflichten

Dieter Grimm:
Die Grundrechtssituation in Deutschland unterliegt einer merkwürdig unterschiedlichen Wahrnehmung: Sie genießt höchste Bewunderung im Ausland und sinkende Wertschätzung im eigenen Land.

Die Grundrechte in Deutschland sind freilich älter als das Grundgesetz. Der erste Grundrechtskatalog stammt aus dem frühen 19. Jahrhundert, und seine Formulierungen waren nicht wesentlich anders als heute. Trotzdem sind die Grundrechte bis zum Erlaß des Grundgesetzes weniger wert gewesen als jetzt. Das hängt zum einen damit zusammen, daß ein anderes Verständnis von dem, was Grundrechte eigentlich sollen, herrschte, zum anderen damit, daß es über die längste Zeit unserer Grundrechtsgeschichte keine Durchsetzungsmöglichkeit für Grundrechte gab.

Im vorigen Jahrhundert hatten sich zwei Grundeinstellungen zu Grundrechten herausgebildet: Da war einmal die Grundeinstellung, Grundrechte seien Abwehrrechte des Individuums gegen staatliche Freiheitsbeschränkungen. Das bedeutet, sie wirken nur in der Staatsrichtung, und sie wirken negatorisch: Sie verpflichten den Staat zu einem Unterlassen, aber nicht zu einem positiven Tun. Die gesellschaftlichen Verhältnisse bildeten daher auch kein Grundrechtsthema. Dieses Grundrechtsverständnis war blind für die sozialen Voraussetzungen des Freiheitsgebrauchs. Man nahm an, daß es Freiheitsbedrohung nur von seiten des Staates gibt. Waren diese gebändigt, mußte das Ergebnis allemal der gerechte Interessenausgleich sein.

Die zweite Grundeinstellung lautete: Weil Grundrechte durch Gesetz beschränkt werden können, entfalten sie keine Bindungswirkung für den Gesetzgeber. Der Gesetzgeber kann Grundrechte also beliebig einschränken. Dann bleibt als Bindungsadressat für die Grundrechte nur die staatliche Verwaltung übrig – die aber, das ist das Kernelement des Rechtsstaates, ohnehin an das Gesetz gebunden ist. So blieb von den Grundrechten als Regelungsgehalt nur übrig, daß es keine Grundrechtseingriffe ohne gesetzliche Grundlage geben durfte. Mit anderen Worten: Die Grundrechte vermittelten keinen über das Gesetz hinausreichenden Schutz, und die Anwendung des Gesetzes im konkreten Fall war überhaupt keine Grundrechtsfrage.

Dahinter stand die Idee, daß der Gesetzgeber der beste Hüter der Grundrechte sei, denn die im Parlament repräsentierten Freiheitsinteressenten würden nicht geneigt sein, Freiheitseinschränkungen zuzulassen, die ihrem eigenen Interesse widersprachen. Die Konsequenz war, daß die Grundrechte ins Leere liefen. In den maßgebenden Kommentaren der damaligen Zeit ist ausdrücklich gesagt worden, die Grundrechte hätten in den Verfassungen auch fehlen können, ohne daß sich am Rechtszustand des einzelnen irgend etwas geändert hätte.

Trotz dieser Einstellung wurde in die Weimarer Verfassung ein Grundrechtskatalog aufgenommen, sogar ein gegenüber den Verfassungen des 19. Jahrhunderts erheblich erweiterter, insbesondere angereichert um soziale Grundrechte. Aber wie das häufig so ist: Die neue normative Lage hat nicht sofort das Verständnis geändert. Das alte Grundrechtsverständnis blieb vielmehr auch unter der Weimarer Verfassung zunächst das herrschende. Mit den neuen sozialen Grundrechten wurde man dadurch fertig, daß man sie kurzerhand als politische Programmsätze deklarierte, juristisch aber als Nullum betrachtete.

Im Laufe der Weimarer Zeit setzte dann eine Diskussion über die Frage ein, ob nicht auch der Gesetzgeber den Grundrechten unterworfen statt ihnen übergeordnet sein sollte. Es setzte ebenfalls eine Diskussion darüber ein, ob jeder Richter – ein Verfassungsgericht gab es damals ja nicht – in der Lage sein sollte, die Grundrechtskonformität von Gesetzen zu überprüfen. Diese Stimmen sind in der Weimarer Zeit aber nicht herrschend geworden, und später ist die Diskussion durch den Nationalsozialismus abgebrochen worden, der Menschenrechte rundheraus ablehnte.

Das war der Ausgangspunkt 1948/49, als das Grundgesetz ausgearbeitet wurde. Das Grundgesetz hat auf diese Einstellungen zu Grundrechten aus der früheren Zeit drei wesentliche Antworten gegeben.

Die erste Antwort: Grundrechte sind unmittelbar geltendes Recht, und zwar für sämtliche Staatsgewalten. Man kann nicht mehr einen Teil der Grundrechte als ein juristisches Nullum, als pures politisches Programm hinstellen. Man kann auch nicht mehr sagen, der Gesetzgeber stehe über den Grundrechten. Die nächste Antwort: Wenn Einschränkungen von Grundrechten stattfinden, dann dürfen sie jedenfalls nicht den Wesensgehalt der Grundrechte antasten. Und drittens: Es gibt eine eigene Durchsetzungsinstanz für Grundrechte in Gestalt des Verfassungsgerichts.

Weitere Antworten sind im Laufe einer langen Rechtsprechung vom Verfassungsgericht gegeben worden. Mir erscheinen die folgenden am wichtigsten: Die Abwehrkraft der Grundrechte ist gestärkt worden. Auch da, wo die Verfassung ausdrücklich erlaubt, daß Grundrechte gesetzlich beschränkt werden – das ist das Übliche und kann auch gar nicht anders sein –, ist der Gesetzgeber nicht völlig frei, sondern er braucht einen vom Verfassungsrecht legitimierten Zweck, und er muß zwischen diesem Zewck und den eingesetzten Mitteln ein angemessenes Verhältnis finden – juristisch formuliert: der Grundsatz der Verhältnismäßigkeit von Grundrechtsbeschränkungen.

Das Verfassungsgericht hat den Wirkungsbereich der Grundrechte ausgeweitet und verlangt, daß nicht nur das Gesetz selbst verfassungsgemäß sein muß, sondern daß dort, wo das Gesetz ein Grundrecht beschränkt oder wo sich die Anwendung des Gesetzes beschränkend auf ein Grundrecht auswirkt, auch die Anwendung des Gesetzes verfassungsmäßig sein muß, die vorher überhaupt kein Grundrechtsthema war – juristisch gesprochen: die Ausstrahlungswirkung der Grundrechte auf Auslegung und Anwendung des Gesetzesrechts.

Es ist diese Neuerung, von der man sagen kann, daß sie die Grundrechte überhaupt erst für den Alltag relevant gemacht hat. Solange es nur um die Verfassungsmäßigkeit des Gesetzes geht, die Anwendung aber außerhalb des Grundrechtsbereichs bleibt, bekommt der einzelne, der ja der Grundrechtsträger ist, in seinem alltäglichen Leben Grundrechte kaum zu spüren. Sie werden erlebbar für ihn als etwas, was auch für ihn gilt und nutzbar wird, erst durch diese Ausweitung, derzufolge auch die konkrete Fallentscheidung den Grundrechten Rechnung tragen muß.

Schließlich ist den Grundrechten im Laufe der Rechtsprechung eine völlig neue Dimension erschlossen worden. Nicht nur der Staat selber darf Grundrechte nicht verletzen – die klassische Abwehrfunktion der Grundrechte –, sondern er muß den einzelnen auch vor Grundrechtsgefahren schützen, die ihm nicht vom Staat, sondern von gesellschaftlicher Seite drohen. Der Staat hat also nicht mehr nur eine Unterlassungspflicht, sondern zusätzlich eine Handlungspflicht, denn er muß dort, wo aus der gesellschaftlichen Dimension Freiheitsgefahren auftreten, zur Herstellung oder Aufrechterhaltung gleicher Freiheit aktiv tätig werden.

Im internationalen Vergleich ist inzwischen der auf die Rechtsprechung des Bundesverfassungsgerichts zurückgehende deutsche Grundrechtsstandard zum Vorbild geworden. Es orientieren sich viele Verfassungsgerichte in Europa, die älterer Herkunft sind, aber auch die meisten neueren Verfassungsgerichte in Osteuropa, in Asien, in Südafrika, in Südamerika an dieser Rechtsprechung und nicht mehr in erster Linie an der des amerikanischen Supreme Court.

Der Supreme Court hat zwei Entwicklungen, die in Deutschland vollzogen worden sind, nicht mitvollzogen. Er kennt nicht das Prinzip der Verhältnismäßigkeit, also das des angemessenen Ausgleichs bei der Kollision zweier Grundrechtspositionen, sondern er geht im Prinzip hierarchisch vor und versucht zu determinieren, welches Grundrecht das überlegene ist, und dieses setzt sich dann ohne Rücksicht auf die Konstellation des einzelnen Falles durch. Und er hat erst recht nicht den Übergang zu Handlungspflichten des Staates mitvollzogen, die aus Grundrechten abgeleitet werden. Er kennt also keine verfassungsrechtliche Pflicht, auch Freiheitsgefahren, die aus der gesellschaftlichen Dimension drohen, zu bekämpfen.

Obwohl der deutsche Grundrechtsstandard im internationalen Vergleich zum Vorbild geworden ist, erleidet er auf der nationalen Ebene Ansehensverluste. Die Gründe dafür werden häufig in einem überzogenen Freiheitsverständnis gesucht, das sich in Deutschland entwickelt habe. Die Grundrechte werden zum Teil verantwortlich gemacht für fortschreitende Individualisierung, fortschreitende gesellschaftliche Desintegration.

Es ist meine Überzeugung, daß hinter diesen unbestreitbaren Phänomenen stärkere Antriebskräfte stehen als die Grundrechte. Es ist vor allem die ungebrochene und unaufhaltsam fortschreitende funktionale Differenzierung der Gesellschaft, die immer mehr alte Bindungen auflöst und den einzelnen immer stärker auf sich selbst zurückwirft. Die Grundrechte haben nach meiner Auffassung damit nur insofern etwas zu tun, als sie nicht nur den einzelnen vor dem Staat schützen, sondern auch die verschiedenen gesellschaftlichen Funktionsbereiche vor einer durchgehenden Politisierung bewahren und ihnen eine Entwicklung je nach ihren eigenen Rationalitätskriterien zusichern.

Den tieferen Grund für die sinkende Wertschätzung von Freiheitsrechten in unserer Gesellschaft sehe ich darin, daß in einer Zeit dramatischer, kumulierender Veränderungen, wie wir sie im Augenblick erleben, sich auch dramatisch das Sicherheitsbedürfnis der Bevölkerung erhöht. Für Sicherheit ist Freiheit in aller Regel ein Risiko. Ich habe den Eindruck, als überträfe das Sicherheitsverlangen mittlerweile zu einem erheblichen Teil den Freiheitswillen. Die säkulare Umorientierung der Staatstätigkeit auf Prävention ist ein Ausdruck dafür. Prävention bedeutet ja nichts anderes als eine Vorverlagerung der staatlichen Tätigkeit in Räume, die ihm bisher verschlossen waren. Die staatliche Kontrolle wird von manifesten Gefahren oder einem begründeten Verdacht erstreckt auf Gefahrenherde, und da es Gefahrenherde viel häufiger gibt als sich manifestierende Gefahren, bedeutet das auch, daß die kontrollierende Staatstätigkeit vorverlagert wird in den Raum des legalen Bürgerverhaltens. Das hat seine guten Gründe und ist eine Antwort auf gesellschaftliche Veränderungen, die ich gar nicht kritisieren will. Nur muß man wissen, daß ohne einen Freiheitspreis diese Tendenz nicht beliebig fortsetzbar ist.

Sind die Gefahren, die der Gesellschaft drohen, nur groß genug oder werden sie als äußerst bedrohlich hingestellt, dann erscheint jede Grundrechtsbeschränkung als verhältnismäßig, und das Hauptmittel der Grundrechtssicherung, das Verhältnismäßigkeitsprinzip, verliert seinen Schutzeffekt. Gehen wir den Weg weit genug, kann es geschehen, daß wir uns am Ende in einer Situation wiederfinden, in der ohne die geringste Änderung des Verfassungstextes die Grundrechte nur noch marginale Bedeutung besitzen.

Im Zusammenhang mit den Desintegrationstendenzen in der Gesellschaft wird häufig der Ruf nach Grundpflichten als Korrelat von Grundrechten laut. Ich will diese Forderung nicht auf einer moralischen oder ethischen Ebene diskutieren, sondern auf der juristischen, der verfassungsrechtlichen.

Mir ist wichtig, daß wir unterscheiden zwischen Rechten und Grundrechten und daß wir ebenso unterscheiden zwischen Pflichten und Grundpflichten.

Warum hat man sich eigentlich in einer ganz bestimmten historischen Situation zu *Grund*rechten entschlossen? Das ist ja alles andere als selbstverständlich; denn alles, was man mit Grundrechten gewährleisten kann, kann man auch mit normalen Rechten gewährleisten. Der Grund für Grundrechte ist das Machtgefälle zwischen dem Staat und dem einzelnen. Der Staat hat gegenüber dem einzelnen überlegene Macht, die er einsetzen kann zur Förderung des Gemeinwohls, die er aber auch mißbrauchen kann, ohne daß der einzelne die Mittel hätte, sich dagegen rechtlich zu wehren.

Hiter der Formulierung von Grundrechten steht die Einsicht, daß diese überlegene Macht, die der Staat besitzt, nicht begrenzt werden kann mit einfachen Rechten, weil die einfachen Rechte im Gesetz stehen und darüber der Staat verfügt. Wenn man einen gewissen Ausgleich schaffen will, dann geht das nur, indem man einen bestimmten Kernbestand von Rechten als »Grundrechte« überhöht und den vom Stasat ausgehenden Rechtsakten vorordnet.

Damit wird auch für die Frage nach Grundpflichten einiges klar. Für Grundpflichten fehlt ein derartiger Grund. Der Staat hat auch ohne Grundpflichten alle

Möglichkeiten, dem Bürger diejenigen Pflichten, die zum Zusammenhalt der Gesellschaft, zur Erreichung von Gemeinwohlzwecken, zur Sicherung der Freiheit anderer notwendig sind, aufzuerlegen. Und er hat die Möglichkeit, sie durchzusetzen. Die einzelnen stehen dem Staat nicht mit überlegener Macht gegenüber. Deswegen bedürfen die Pflichten der Bürger gegenüber dem Staat auch keiner Verstärkung durch Grundpflichten.

Deswegen ist es nicht falsch, an einen Mangel von Pflichtbewußtsein, an einen Mangel von Pflichtethik in unserer Gesellschaft zu erinnern. Aber es gibt keinen Grund, auf der verfassungsrechtlichen Ebene an die Seite von Grundrechten Grundpflichten zu stellen. Sie würden im Gegenteil die Balance, die die Grundrechte hergestellt haben, wieder zerstören.

Ein abschließendes Wort soll eine sehr starke Sorge zum Ausdruck bringen. Es paßt vielleicht zu der Lage, die ich beschrieben habe, daß Verfassungsänderungen in der Bundesrepublik neuerdings häufiger auf den Grundrechtskatalog ausgreifen.

Wir haben viele Verfassungsänderungen erlebt. Fast alle betrafen den Organisationsteil der Verfassung, sehr wenige den Grundrechtsteil. Die Änderung des Asylgrundrechts ist ein herausragendes Beispiel. Eine einschneidende Änderung betrifft aber auch den Artikel 13, die Unverletzlichkeit der Wohnung.

Mir geht es nicht um die Frage, ob es richtig war, diese Artikel zu ändern. Solche Fragen sind politisch zu entscheiden, und das Verfassungsgericht ist an die korrekt zustande gekommene Verfassungsänderung gebunden. Es gehr mir nur um die Machart.

Der neue Asyl-Artikel ist vierzigmal so lang wie sein

Vorgänger, der neue Artikel 13 gut viermal so lang. Warum ist das so? Beim Artikel 16 ging es darum, daß ein Grundrecht, das bis dahin vorbehaltlos gewährleistet war, eingeschränkt werden sollte. Bis dahin galt: Wer politisch verfolgt ist, genießt Asyl. Beim Artikel 13 ging es darum, daß ein bisher schon einschränkungsfähiges Grundrecht weiter, als es anfangs erlaubt war, eingeschränkt werden sollte.

Nun gibt es für die Beschränkung von Grundrechten ein bewährtes Muster. Die Grundrechte sind in der Regel so aufgebaut, daß sie in einem ersten Satz sagen, welches Verhalten oder welcher gesellschaftliche Sachbereich im Prinzip frei sein soll. Dann folgt im zweiten Satz die Erlaubnis für den Gesetzgeber, die Grundrechte zu beschränken, entweder im Interesse anderer Freiheiten oder im Interesse der Freiheiten anderer oder im Interesse eines Gemeinschaftszweckes.

Meist lautet die Ermächtigung nur: Dieses Grundrecht darf nur durch Gesetz oder aufgrund eines Gesetzes beschränkt werden. Manchmal steht zusätzlich da, zu welchem Zweck das geschehen darf, manchmal werden die Mittel eingegrenzt, mit denen das geschehen darf. Aber selbst ein so fundamentales Grundrecht wie das Recht auf Leben – eigentlich die Voraussetzung für alle anderen Grundrechte – kennt nur einen einfachen Gesetzesvorbehalt. Den weitergehenden Schutz leistet dann das Verhältnismäßigkeitsprinzip, von dem ich gesprochen habe.

Warum ist man diesem Muster nicht auch bei den Grundrechtsveränderungen, die jetzt stattgefunden haben, gefolgt? Warum sind die neuen Grundrechte so lang? Die Antwort lautet: weil all das, was man im Gesetz, das dann die Beschränkung aktualisiert, erwarten würde, schon in die Verfassung selber hineingeschrieben wird. Man kann sogar einen Schritt weitergehen und sagen: Nicht nur das, was im grundrechtsbeschränkenden Gesetz steht, wird in die Verfassung selber hineingenommen, sondern auch das, was man in der Durchführungsverordnung oder in einer Verwaltungsvorschrift erwarten würde, wird schon auf der Verfassungsebene mit niedergelegt.

Was ist der Grund dafür? Es gibt wohl einen Unterschied zwischen der Gründungssituation – wo man bereit ist, sich auf die Prinzipien festzulegen und alles andere der politischen Entwicklung zu überlassen – und einer Situation nach fünfzig Jahren Macht- und Parteienkämpfen, Abstecken, Gewinnen und Verteidigen von Terrain. Und meine Erklärung für das, was vor sich geht, ist, daß die Verfassung genutzt wird, um den Bewegungsspielraum der jeweiligen Mehrheit soweit wie nur möglich einzuengen. Wenn Machtwechsel vonstatten gehen, sollen sie nach Möglichkeit folgenlos bleiben; die Politik soll keinen Bewegungsspielraum mehr haben, weil alles bereits auf der Verfassungsebene festgezurrt ist.

Merkwürdigerweise geben das die politischen Parteien, wenn es ihnen gelungen ist, soviel Details wie möglich, die man im Gesetz oder in der Verwaltungsvorschrift erwarten würde, auf die Verfassungsebene zu ziehen, als einen Erfolg ihres Verhandlungsgeschicks aus. Offenbar wird es auch vom Publikum als Erfolg betrachtet. Nicht gesehen wird der Preis, den Verfassung und Demokratie dafür zu zahlen haben. Die Verfassung wird denaturiert und droht auf lange Sicht ihre Funktionsfähigkeit einzubüßen.

Die Verfassung ist ein Rahmen, der die Politik nicht ersetzen, sondern sie ermöglichen soll. Sie bewirkt sozusagen ein Auseinanderziehen von verschiedenen Dimensionen: Was von überragender Bedeutung ist und deswegen langfristig wirksam sein soll, was von einem allgemeinen Konsens getragen ist, steht in der Verfassung. Was dagegen kurzfristig wechseln kann, was sich anpassen kann an wechselnde Bedürfnisse, aber auch an wechselnde Mehrheitsverhältnisse, was unterschiedliche Ausgestaltungen erlaubt, schreibt man in Gesetze oder Verordnungen.

In diesem Auseinanderziehen von zwei Ebenen, der langfristig-grundsätzlichen und der kurzfristig-mindergewichtigen, liegt ein außerordentlicher Stabilisierungsfaktor für das politische System und ein sehr großer Entlastungfaktor für die Demokratie, die nicht für jeden Schritt, den sie unternimmt, Fundamentalkonsens gewinnen muß, weil der bereits auf der Verfassungsebene niedergelegt ist.

Durch die Praxis, die jetzt begründet worden ist und sich fortzusetzen droht, wird das preisgegeben. Der Politik wird ihre Anpassungsfähigkeit genommen. Jede Politikänderung setzt dann eine Verfassungsänderung voraus. Das Mehrheitsprinzip und der Mehrheitswechsel werden entwertet. Es sind selbstgemachte Blockaden, an denen im Ernstfall nicht diese oder jene politische Partei leiden wird, sondern das politische System insgesamt.

Diskussion

Volker Hassemer:

Sie haben klar und fast unerbittlich gesagt, das, was die Grundrechte in ihrer Bedeutung sein können, können die Grundpflichten nicht sein. Sie haben das begründet dadurch, daß die Grundrechte Abwehrrechte sind gegenüber dem mächtigen Staat. Das gilt bei Grundpflichten nicht, also kann eine solche Bedeutsamkeit den Grundpflichten jedenfalls durch das Recht nicht gegeben werden.

Zugleich habe ich das Gefühl, daß man die Bedeutung, die die Grundrechte bekommen haben, diesen auch im Verhältnis zu den Grundpflichten nicht vorwerfen kann, daß mich aber jedenfalls stört, daß in nicht gleicher Weise Grundpflichten sich entwickeln durften.

Haben Sie eine Idee, wie Grundpflichten ähnliche Bedeutung bekommen könnten wie Grundrechte?

Dieter Grimm:

Ich habe nichts dagegen, daß man Grundpflichten auf einer appellativen Ebene einsetzt. Auch gegen den Namen ist nichts einzuwenden. Etwas einzuwenden ist nur dagegen, daß man sozusagen gleichrangig neben einen Grundrechtskatalog auf der Verfassungsebene einen Grundpflichtenkatalog setzt, weil die Voraussetzung für das Überhöhen einer normalen Pflicht wegen des fehlenden Machtgefälles nicht gegeben ist.

Daß man aber, selbst in Katalogform, sagt, welche Voraussetzungen auf der Pflichtenebene gegeben sein müssen, damit eine Gesellschaft nicht auseinanderfällt, sondern weiter existieren kann, dagegen ist nichts einzuwenden. Auf der juristischen Ebene ließe sich das allerdings alles mit Gesetzen machen.

Richard von Weizsäcker:
Die letzte Überlegung ist in der Tat außerordentlich wichtig. Ich bin nicht sicher, ob ich Sie richtig verstanden habe: Läßt sich nach fünfzig Jahren Inkraftsein einer neu beschlossenen Verfassung denn überhaupt etwas anderes denken als diese Gefahr, die Sie richtig geschildert haben? Mit anderen Worten: Ist es ein abstellbarer Fehler oder ist es nicht unvermeidlich?

Über die Asylfrage oder über die Unverletzlichkeit der Wohnung und andere Fragen einvernehmlich zu denken, war 1949 relativ leicht. Die Verhältnisse haben sich verändert.

Daß dann jemand, der sehr am Asylrecht hängt und trotzdem mit letzter Kraft einsieht, da muß etwas geschehen, dann doch seine verfassungsändernde Mehrheit gewissermaßen dazu benutzen muß, um zu verhindern, daß der andere Teil des Hauses, der sich viel leichter tut mit einer Relativierung des Asylrechts, nicht anschließend mit der einfachen Gesetzesmehrheit davonrauscht – ist das zu vermeiden?

Sterben wir also oder werden wir unheilbar krank an der langen Gültigkeitsdauer einer einst aus naheliegenden Gründen einverständlich geschaffenen Verfassung?

Edzard Reuter:

Ist meine Annahme falsch, daß der Gedanke der Grundrechte im Grundgesetz in der Historie untrennbar ist von der Idee, daß es eine Naturrechtsordnung gibt? Und gibt es daraus nicht auch dem Gesetzgeber vorgegebene, aus dem Naturrecht stammende Pflichten? »Naturverpflichtungen« sozusagen, die möglicherweise doch dem Staat vorgegeben sein könnten?

Könnte, zum Beispiel, ein auf Menschenrechte zielender Staat gleichzeitig durch Gesetz freigeben: »Du kannst stehlen, du kannst morden«? Gibt es nicht eine Pflicht, nicht zu morden, die gleichwertig neben dem Recht steht, daß dein Leben geschützt ist. Das könnte man auf die Zehn Gebote oder worauf auch immer ausdehnen.

Gibt es also nicht doch bestimmte Grundrechte, die stärker sind als andere, die auch dem Verfassungsgesetzgeber vorgegeben sind, die er nicht ändern und auch nicht einschränken kann?

Dieter Grimm:

Das Verfassungsgericht hält alle Grundrechte des Grundrechtskatalogs für gleichrangig. Und wenn es Kollisionen gibt, müssen sie so aufgelöst werden, daß von beiden kollidierenden Grundrechten soviel wie möglich übrig bleibt – anders als in Amerika, wo gefragt wird, welches Grundrecht wichtiger ist. Eine Ausnahmestellung nimmt als Oberprinzip des Grundrechtskatalogs die Menschenwürde ein, bei der es keine Einschränkungsmöglichkeiten gibt. Und eine gewisse Ausnahmestellung gilt vielleicht für das Leben, weil alle Grundrechte ohne Leben nicht viel wert sind.

Bei der Pflichtenfrage hat Herr Reuter nun eine interessante Wendung gemacht. Sie haben nach Grundpflichten gefragt, die ähnlich naturrechtlich begründet sind wie die Grundrechte. Anders als Herr Schmidt, der von Bürgerpflichten spricht, haben Sie dabei aber an Staatspflichten gedacht. Das würde ich sofort bejahen. Daß es Grundpflichten für den Staat gibt, gehört zum Kernbestand der Verfassungstradition und hat seinen jüngsten Niederschlag in der Schutzpflicht des Staates für bedrohte Freiheiten gefunden.

Was die Änderung des Asylrechts angeht, hätte ich es vorgezogen, daß man – wenn man glaubt, es sei änderungsbedürftig – auch hier hineingeschrieben hätte: »Dieses Recht darf nur durch Gesetz eingeschränkt werden«, und daß man dann dem demokratischen Prozeß vertraut hätte. Und von der Opposition hätte ich es für gut gefunden, wenn sie sich zu der Aussage verstanden hätte: Mag die jetzige Mehrheit ihren Weg gehen; wenn wir an der Reihe sind, gehen wir unseren Weg.

Nun sagen Sie, das ist eine blauäugige Annahme. Gibt es nach fünfzig Jahren »Kampferfahrung« der politischen Parteien miteinander und dem Versuch, soviel wie möglich von den eigenen Positionen zu retten, überhaupt eine Alternative?

Es gäbe einen anderen Weg. Man könnte die Anforderungen an Verfassungsänderungen so ausgestalten, daß es nicht so leicht wird, diesen Bestrebungen nachzugeben. Die über zweihundert Jahre alte amerikanische Verfassung ist nur vierzehnmal geändert worden. Das hängt nicht damit zusammen, daß die Amerikaner weniger änderungslustig sind als wir, sondern daß Änderungen erheblich schwieriger sind. Sie sind fast ausgeschlossen, mit der Konsequenz, daß die Macht des amerikanischen Verfassungsgerichtes wächst, weil dieses von verfassungsändernden Gesetzen weniger leicht umprogrammiert werden kann.

Ich würde nun nichts vorschlagen, was den Hürden der Amerikaner für Verfassungsänderungen gleichkommt. Aber ich denke, es erweist sich nach fünfzig Jahren Verfassungsgeschichte der Bundesrepublik, daß es ein Fehler ist, die Verfassung in demselben Prozeß und in demselben Verfahren zu ändern, in dem Gesetze geändert werden, mit der einzigen Differenz, daß es nicht einer einfachen Mehrheit, sondern einer Zweidrittelmehrheit bedarf.

Wenn man Unterbrecher einschalten würde, die Verfassungsänderungen nicht ausschließlich dem Bonner Routinegeschäft überließen, wo sie sich so vollziehen wie jede Gesetzesänderung, für die die Zustimmung des Bundesrats benötigt wird, wenn man sie etwas schwieriger machen würde, dann könnte ich mir vorstellen, daß wir etwas weniger und etwas andere Verfassungsänderungen bekämen.

Richard von Weizsäcker:

Hier stehen sich ja nicht nur eine Opposition und eine Gesetzgebungsmehrheit in der Regierung gegenüber, sondern die ganze Verfassungsänderung kommt überhaupt nur zustande, wenn die für die Zustimmung zur Veränderung notwendige Opposition sich in den eigenen Reihen über Bedingungen verständigt, die anschließend leidvollerweise auch in der Verfassung selbst stehen. Das ist kein Gesamtvertrauen der Opposition in den demokratischen Prozeß – wir kommen auch wieder dran und praktizieren dann mit der einfachen Gesetzesmehrheit die Dinge nach unseren Vorstellungen –, sondern die Verfassungsänderung selber kommt nicht zustande, weil in diesen großen Parteien verständlicherweise so unterschiedliche Meinungen bestehen.

Ich sehe gar keine Möglichkeit, diesem von Ihnen mit Recht beklagten Zustand zu entkommen.

Dieter Grimm:

Aber der Langfristschaden auch für die politischen Parteien selbst ist evident.

Richard von Weizsäcker:

In der Tat, nicht nur aus diesen Gründen.

Wolfgang Thierse:

Letztlich sind solche Verfassungsänderungen sehr quälende Vorgänge, weil im Grunde von der Opposition verlangt wird, daß sie einer Verfassungsänderung zu Bedingungen der Regierungsmehrheit zustimmt. Was würde sich ändern, wenn man eine Art Verfassungsrat einführen würde? Darin müßten sich doch ungefähr die gleichen Meinungsverhältnisse widerspiegeln, die sich auch in etwa im Parlament finden. Es wäre dasselbe Problem, daß man einer Änderung zustimmen muß und die Auslegung dann doch einer relativen Mehrheit im Parlament überläßt.

Helmut Schmidt:

In den fünfziger Jahren, kurz nachdem das Grundgesetz in Kraft getreten war, hat das Publikum von den Grundrechten überhaupt keine Notiz genommen. Ganz andere

Dinge waren wichtig. Seit den sechziger Jahren hat das Publikum dann in zunehmendem Maße verstanden, daß es sich im wesentlichen um Abwehrrechte gegen einen übermächtigen Staat handelt.

In der Weimarer Reichsverfassung war von Rechten und Pflichten die Rede. Der Abschnitt 2 trug die Hauptüberschrift »Grundrechte und Grundpflichten der Deutschen«. Man kann Ihrer Argumentation, Herr Grimm, folgen und sagen, Pflichten brauchen nicht Grundpflichten zu sein und müssen nicht im Grundgesetz stehen.

Ich habe volles Verständnis dafür, daß nach der Überforderung deutschen Pflichtbewußtseins durch die Nazis 1948/49 niemand scharf darauf war, im Grundgesetz von Pflichten zu reden. Inzwischen geht die Gesellschaft in ein gegenteiliges Extrem. Es werden keine Pflichten gepredigt, es wird niemand zu Pflichten erzogen, die Leute reden alle nur von ihren Rechten und ihren Ansprüchen. Wir haben eine Inflation von Ansprüchen, moralische Pflichten zum Beispiel aber werden klein geschrieben.

Daß jemand wegen unterlassener Hilfeleistung bestraft werden kann, macht doch nur Sinn, wenn es eine Pflicht gibt, Hilfe zu leisten. Die aber ist nirgendwo niedergelegt. Ich würde es sehr begrüßt haben, wenn sie im Grundgesetz stünde. Ich würde es sehr begrüßt haben, wenn im Artikel 1, wo von der Würde der Person die Rede ist, die unverletzlich ist, ganz klar würde, daß das nicht nur für den Staat gilt, sondern auch für meinen Nachbarn, der meine Würde nicht verletzen darf, und für mich, der ich die Würde des Nachbarn nicht verletzen darf. Das fehlt alles.

Es gibt im Grundrechtskatalog eine oder zwei Pflichten. Die eine ist eine indirekte Pflicht: Da wurde der Gesetzgeber ermächtigt, eine Wehrpflicht und eine Ersatzdienstpflicht einzuführen. Es wurde aber nicht die Pflicht eines Deutschen, Wehrdienst zu leisten, in das Grundgesetz geschrieben. Und die andere ist, daß Eigentum verpflichtet, ohne daß das in einem einfachen Gesetz dann näher ausgeführt wird.

Dieser Umstand hat wesentlich dazu beigetragen, daß die Erziehung falsch gelaufen ist. Ich erinnere mich sehr deutlich, daß der gegenwärtige Bundeskanzler, als er noch Oppositionsführer war, von dem damaligen Kanzler verlangt hat, er solle geistig-moralische Führung ausüben. Und der damalige Regierungschef hat ihm geantwortet: Eine Regierung kann geistig-moralische Führung nur im Rahmen des Grundrechtskatalogs des Grundgesetzes ausüben; zu etwas anderem ist sie nicht legitimiert.

Wenn aber zum Beispiel in den ersten zwanzig Artikeln des Grundgesetzes auch nur ein Artikel gewesen wäre, der von Pflichten des Bürgers redet, dann wäre die Lage der damaligen Regierung anders gewesen – und genauso die Lage der heutigen Regierung und späterer Regierungen und auch die Lage von Universitätsrektoren und Gymnasialdirektoren.

Es ist nicht notwendig und nicht wünschenswert, einen umfangreichen Grundpflichtenkatalog ins Grundgesetz zu schreiben. Aber aus heutiger Erfahrung wäre es mir schon lieber, wenn man damals wenigstens einige Grundpflichten aufgenommen hätte.

In der Honecker-Zeit hat mich Manfred Stolpe jedes Jahr einmal zu einem Vortrag in einer Kirche in der damaligen DDR und vor kirchlichen Gremien gebracht. Zu einem meiner Generalthemen habe ich dabei die Barmer Theologische Erklärung von 1934 gemacht. Da gibt es in Artikel 5 den schönen Satz, daß nicht nur die Regierenden verantwortlich sind, sondern auch die Regierten – damals eindeutig gemeint gegen Nazidiktatur und natürlich zu Zeiten Honeckers eindeutig zu verstehen als genauso gerichtet gegen kommunistische Diktatur in der DDR. Dieses einfache Prinzip, daß auch die Regierten Verantwortung tragen, fehlt im Grundgesetz. Das ist einer der Gründe dafür, daß jede am Grundgesetz orientierte Erziehung sich zwangsläufig auf die Grundrechte stützen muß. Worauf denn sonst?

Egon Bahr:
Ist es nicht die Verrechtlichung des Staates und des Lebens, die zu einer Selbstblockade durch Selbstbindungen geführt hat? 1949 hat es Umwelt als politischen Begriff noch gar nicht gegeben, Asyl war völlig unbestritten. Liegt das Problem, mit dem wir konfrontiert sind, also nicht eigentlich darin, daß ein System, das fünfzig Jahre existiert hat, in dem natürlichen Bestreben, sich selbst abzusichern, die Verrechtlichung soweit treibt, daß die Sicherheit des einzelnen und die Sicherheit des Bürgers im Grunde unantastbar und fast nicht veränderbar ist? Verkrustung des Systems durch Verrechtlichung, das ist nicht auf Grundgesetzergänzungen zu beschränken. Denn selbst wenn das Grundgesetz nicht oder nur unwesentlich oder nicht so ausführlich oder nicht so denaturierend verändert worden wäre, hätten wir doch das gleiche Ergebnis. Dann hätten wir es nämlich durch Gesetze gemacht. Der Drang zur Verrechtlichung ist in jedem

Falle ein Problem, dem sich dieser Staat am Rande der Unregierbarkeit gegenübersieht.

Dieter Grimm:
Gesetze kann man glücklicherweise relativ leicht ändern. Natürlich bekommen wir ein immer dichteres Geflecht von rechtlichen Bindungen. Aber wir erleben auch, daß diese rechtlichen Bindungen permanent geändert werden, manchmal schon nach sehr kurzer Zeit. Auf der Verfassungsebene ist das viel schwerer.

Ich würde nicht gerne notwendige Verfassungsänderungen verhindern. Wir haben eine verhältnismäßig detaillierte Verfassung, also werden wir bei wechselnden Verhältnissen häufiger als Staaten mit einer sehr allgemein formulierten Verfassung Änderungen brauchen. Wenn man das verhindern würde, gäbe es drei Möglichkeiten: Das System blockiert sich, die Verfassung wird umgangen oder das Verfassungsgericht macht es. Alle drei sind schlechter als die Ermöglichung einer sinnvollen Verfassungsänderung.

Mir geht es darum, daß die Verfassungsänderung, die als nötig erachtet wird, in einer dem Instrument Verfassung gemäßen Weise vor sich geht. Deshalb kann ich Herrn Thierses Meinung, da solle Verfassungsänderungen zu den Bedingungen der Mehrheit zugestimmt werden, nicht folgen. Sie sollen vielmehr nur Verfassungsänderungen zulassen, die zu den Bedingungen der Verfassung gemacht werden, also nicht die Differenz zum Gesetz einebnen und dadurch die Verfassung um ihre Funktion bringen. Und dann sollen Sie darauf vertrauen, daß Sie wieder die Mehrheit haben und dann in dem Spielraum, den die Verfassung läßt, Ihre Vorstellungen durchsetzen – und es einstweilen ertragen, daß eine andere Mehrheit dies mit ihren Vorstellungen tut.

Richard von Weizsäcker:
Ganz verstanden habe ich das noch nicht: nicht zu den Bedingungen der Opposition, sondern zu den Bedingungen der Verfassung – es ist ja gerade zur Bedingung der Verfassung geworden, was die Opposition durchgesetzt hat. Wo ist das praktische Beispiel, das den Unterschied erläutert? Eine Zweidrittelmehrheit hat die Verfassung geändert. Ob zu den Bedingungen der Opposition oder nicht, ist ganz egal, damit ist es Bedingung der Verfassung.

Dieter Grimm:
Damit ist es Bedingung der Verfassung, zerstört aber langfristig die Verfassung. Das ist das Problem.

Richard von Weizsäcker:
Daß es eine schwere Gefahr ist, bestreite ich gar nicht. Ich bestreite nur, daß es Möglichkeiten gibt, dieser Gefahr Herr zu werden.

Reinhard Höppner:
Der einzig praktikable Vorschlag wäre, daß man sich darauf einigt, daß Verfassungsänderungen grundsätzlich nicht dem Fraktionszwang unterliegen.

Wolfgang Thierse:
Das verschärft das Problem. In der gegenwärtigen Auseinandersetzung ist es genau eine Minderheit der SPD-Fraktion, die sagt: »Damit wir überhaupt zustimmen« –

und deren Zustimmung ist für die Zweidrittelmehrheit notwendig –, »muß das und das in die Verfassung geschrieben werden«; gerade wegen der Freiheit des Abgeordneten!

Reinhard Höppner:
Ob es das Problem verschärfen würde, wäre die Frage. Die Dinge wären wahrscheinlich sehr viel unkomplizierter durchgekommen, weil sich zur Regierungsfraktion noch hinreichend viele SPD-Abgeordnete gesellt hätten, um eine Zweidrittelmehrheit zustande zu bringen; die Minderheit in der SPD-Fraktion hätte wahrscheinlich nicht ausgereicht, das zu blockieren.

Ich erinnere mich daran, daß wir im Zusammenhang mit der Herstellung der deutschen Einheit über eine neue Verfassung geredet haben. Damals kam das Argument, wenn wir das Grundgesetz durch eine neue Verfassung ablösen, würde ein großer Schaden dadurch entstehen, daß die ganze Rechtsprechung, die aufgrund dieses Grundgesetzes erfolgt ist, de facto obsolet wäre.

Wäre es aber nicht doch eine große Chance gewesen, selbst wenn die neue Verfassung nicht viel anders ausgesehen hätte als das Grundgesetz, auch den ganzen Ballast, der sich angesammelt hat, über Bord zu werfen und sozusagen die ursprünglichen Verfassungsdinge auch im Lichte der neueren Gegenwart neu zu interpretieren? Ist die Starrheit, die wir konstatieren, nicht auch das Ergebnis einer Rechtsprechung, die im Grunde genommen Geschichte nachzeichnet und damit nicht immer offen genug ist für die zukünftigen oder gegenwärtigen Probleme?

Die Frage mit den Grundpflichten ist bestechend. Gesetzt den Fall, wir würden uns darauf einigen, in das

Grundgesetz sollten Grundpflichten aufgenommen werden. Welche Grundpflichten wären das denn? Alleine diese Frage könnte eine interessante Debatte auslösen.

Einige Landesverfassungen haben wir ja neu geschrieben. Zum Teil ist darin neben den Grundrechten ein Kapitel »Staatsziele« aufgenommen worden. Dort sind Aufgaben des Staates beschrieben, die zwar nicht im Einzelfall einklagbar sind – nach dem Motto, wenn da etwas über Arbeit steht, muß der Staat mir einen Arbeitsplatz besorgen –, aber doch Verpflichtungen darstellen, in welche Richtung der Staat arbeiten muß.

Vielleicht empfinden wir das Thema ja deshalb so aktuell, weil in der Phase, in der wir uns zur Zeit befinden, wegen der vielen Unsicherheiten, die die Zukunft für uns bereit hält, das Sicherheitsdenken übermäßig groß ist. Vielleicht ist die Bereitschaft, irgend etwas offen zu lassen – auch im Grundgesetz – deshalb so gering, weil man besonders argwöhnisch darauf achtet, daß damit nicht weitere Unsicherheit produziert wird.

Friedrich Dieckmann:

Es ist schon darauf hingewiesen worden: die Grundrechte des einzelnen sind nur die juristische Erscheinungsform von Grundpflichten; das eine verweist auf das andere. Wenn der Staat die Unverletzlichkeit des einzelnen garantiert, so ist das eine Bestimmung, die nicht nur den einzelnen vor einem möglichen Gewaltmißbrauch des Staates schützt, sondern auch vor jedem andern einzelnen, der seine Unverletzlichkeit antastet. Die Propagierung von Grundpflichten ist also weniger eine Frage der Verfassung als eine der Erziehung, die, soweit es die Schulen angeht, unter föderaler Zuständigkeit steht.

Helmut Schmidt:
De facto haben wir ein zentralisiertes Erziehungssystem.

Friedrich Dieckmann:
In der DDR stellte sich das Problem Ende der fünfziger Jahre, als die SED-Führung bemerkte, daß sittliche Gebote nur von den Kirchen verkündet wurden, und, wie die erste französische Republik, daranging, ihrerseits gesellschaftliche Grundpflichten zu formulieren. Sie verkündete die »zehn Gebote der sozialistischen Moral« und machte sie in Schule und Pionierverband publik. Das war fast durchgängig ideologischer Krampf und als solcher wirkungslos, doch im Mißraten war das Problem bezeichnet, das darin liegt, auf säkularer Basis ein »Du sollst« für das Verhältnis des einzelnen gegenüber der Gemeinschaft zu formulieren. Auf den Zusammenhang von Grundrechten und Grundpflichten zu verweisen wäre heute die Aufgabe eines Rechtserziehungsfachs, einer schulischen Rechtskunde, an der es, wie mir scheint, gänzlich fehlt.

Antje Vollmer:
Ich habe Ihre Warnung vor einer Ausweitung der Grundrechtsartikel der Verfassung nicht so sehr aus verfassungsästhetischen Gründen verstanden, sondern weil Sie verhindern möchten, daß ein zeitbezogenes Moment hineinkommt. Es entsteht also ein Gegenwartsproblem – ein Übermaß an Asylbewerbern –, und deswegen ändern wir den Grundrechtsartikel; oder ein Zeitproblem – organisierte Kriminalität –, und wir diskutieren über die Unverletzlichkeit der Wohnung. Ich habe Sie so verstanden, daß Sie den Verfallswert von Verfassungsartikeln

länger ansetzen möchten und diese deshalb zeitunabhängig formuliert sein sollen, auch mit Blick darauf, daß die Gegenwartsmotivation sich wieder ändern könnte.

Das ist tatsächlich bedenkenswert. Aber das wird man wahrscheinlich nicht mit einer höheren Instanz lösen können, sondern nur mit dem klaren Bewußtsein unter Parlamentariern, daß diese Artikel auch wirklich diesen zeitunabhängigen Charakter haben. Letztendlich ist das also auch nur ein Appell an den Verfassungsgeber selbst.

Was die Debatte über Grundrechte und Grundpflichten angeht, ist deutlich geworden, daß sich gerade dann, wenn die Grundrechte in der Bürgergesellschaft ihre optimale positive Wirkung haben, wenn also tatsächlich die Übergriffsrechte des Staates eingeschränkt sind und der einzelne Bürger im vollen Bewußtsein seiner Grundrechte ist, das Problem der Grundrechtsübergriffe sich unter den Bürgern selber verschärft stellt. Ist also das Optimum auf der einen Seite gleichzeitig das Optimum an Grundrechtsrespektierung der anderen? Ich meine, die ganze Debatte zeigt, daß wir uns da nicht mehr sicher sind.

Wenn aber eine Zivilisation an eine Grenze kommt, in der sie Regeln für das Verhalten des einzelnen nicht mehr aus diesen anderen Ressourcen für sich selbst definieren kann, ist ernsthaft zu überlegen, ob diese in einer wirklich säkularen Bürgergesellschaft dann nicht auch in der Verfassung formuliert werden sollen. Das ist heikel, aber es ist eigentlich auch folgerichtig, daß wir an diesen Punkt kommen, weil wir sehen, daß Ethik, Religionen, Erziehung das nicht per se leisten, weil es aber auch neue Pflichten gibt. So ist zum Beispiel die Generationenverpflichtung in Frage gestellt, auch durch das praktische Verhalten, auch durch die realen Verhältnisse. Der Schutz der Natur und der Umwelt ist in Frage gestellt. Deswegen gewinne ich dieser Debatte, nachdem ich früher sehr dagegen war, inzwischen vorsichtig etwas ab.

Wolf Lepenies:

Wenn vielfältige Prozesse der Entstaatlichung – im nationalen wie im übernationalen Bereich – und ein zunehmender Funktionsverlust derjenigen Institutionen zusammentreffen, die sich, wie die Kirchen, traditionell dem Verhältnis von Pflichten und Rechten widmeten, dann stecken unsere Gesellschaften in einem tiefen Systemproblem. Wo sollen Regelungskräfte noch herkommen?

Wir teilen mit vielen das Bedauern darüber, daß wir eine Verfassungsdebatte nicht zur Voraussetzung des deutschen Einigungsprozesses gemacht haben. Wir hätten dadurch zwar kaum eine andere, wohl aber eine frisch legitimierte Verfassung bekommen. Wie verhält es sich unter diesem Gesichtspunkt eigentlich mit der amerikanischen Verfassung? Stellt sich dort die Dringlichkeit einer Auffrischung deshalb nicht, weil diese Verfassung so schwer zu ändern ist und drängt sich uns die Notwendigkeit der regelmäßigen Auffrischung von Verfassungen nicht zuletzt deshalb auf, weil wir sie so oft ändern? Warum haben die Amerikaner damit kein Problem?

Egon Bahr:

Wäre es denkbar und mit dem System vereinbar, Grundrechte, auf die wir stolz sind, aufgrund bestimmter Umstände für eine gewisse Zeit auszusetzen? Vielleicht könnte man das dann noch einmal verlängern, sobald aber die Gegebenheiten nicht mehr vorhanden sind, erlischt das Aussetzen, und wir haben die alte Verfassung wieder und müssen nicht den ungewissen Weg einer erneuten Verfassungsänderung gehen.

Volker Hassemer:

Sind Sie denn als Verfassungsrechtler gezwungen, unser Petitium, in diesem Grundgesetz auch Pflichten niederzulegen, abzulehnen, weil das nicht geht, oder ist das nur Ihre verfassungsrechtliche Theorie? Man könnte denken, die Gesellschaft darf gegenüber den Verfassungsrechtlern auch einmal Ansprüche äußern. Möglicherweise sagen Sie aber dazu, daß diese Ansprüche die Möglichkeiten des Instruments überziehen.

Sie sagen, es sind Abwehrrechte und nicht vorrechtliche Grundregeln, was auch Pflichten sein könnten. Es ist ja tatsächlich ein großer Unterschied, ob man einen nicht töten darf oder einem helfen muß. Jemandem helfen zu müssen, ist eine Solidaritätspflicht. Vielleicht ist es eine nationale Solidaritätspflicht, eine Bundeswehr zu haben. Ähnliches gilt für Erziehungspflichten. Ist es vielleicht von vornherein gar nicht zulässig, solche Arten von Beistandspflichten in die Verfassung zu schreiben?

Dieter Grimm:

Der Jurist ist natürlich immer geneigt zu sagen, das, was er nicht mag, sei verboten. Das ist aber nicht meine Absicht.

Was an Verfassungsänderungen erlaubt ist, beurteilt sich nur nach der Verfassung selbst (Art. 79). Bundestag und Bundesrat müssen mit Zweidrittelmehrheit zustimmen und dürfen dabei nicht die Grundsätze der Grundrechte und nicht die Grundsätze des Artikels 20 abschaffen. Alles andere ist erlaubt.

Aber nicht alles, was erlaubt ist, ist auch tunlich. Eine Verfassung erfüllt eine bestimmte Funktion, indem sie nämlich diejenigen Grundprinzipien, nach denen sich eine Gesellschaft ihre Gestalt und ihr politisches Herrschaftssystem geben will, verbindlich festlegt. Diese werden mit breitem Konsens verabschiedet und gelten langfristig. Es sind Grundsätze, und als solche sind sie sind ausformungsfähig und auch ausformungsbedürftig. Und dies wiederum verläuft nach kurzfristigen Bedürfnissen, nach wechselnden Mehrheiten und pragmatischen Gesichtspunkten und erfordert geringere Konsense.

Eine Verfassung ist zunächst einmal ein juristisches Normensystem. Wenn man etwas in eine Verfassung schreibt, will man, daß das juristisch gilt. Wenn man nicht will, daß etwas juristisch folgenreich ist, ist es zwar nicht verboten, aber doch nicht tunlich, es in eine Verfassung zu schreiben, auch deswegen, weil die Juristen, die die Verfassung handhaben, dann trotzdem etwas Juristisches daraus machen werden. Wenn man also nur allgemeine Appelle aussprechen will, ist die Verfassung dafür nicht der richtige Ort.

Die Debatte über Grundpflichten verstehe ich außerordentlich gut. Sie ist die Kompensation für alles das, was uns in den letzten Jahren der Bundesrepublik als verlorengehend, schwindend, defizitär erscheint. Mein Einwand dagegen ist, daß man diese Defizite nicht mit Pflichten kuriert, weil ich annehme, daß sie nicht aus fehlendem Pflichtbewußtsein stammen, sondern aus den strukturellen Gesetzen einer funktional differenzierten Gesellschaft.

Ich meine, der Staat kann alles, was er an Pflichten für nötig und rechtlich durchsetzbar hält, um überhaupt noch eine zusammenhaltende und dem Gemeinwohl nahestehende Gesellschaft zu haben, auf dem gesetzlichen Wege durchsetzen, ohne daß ihn die Verfassung, namentlich die Grundrechte, daran hindern. Er hat die Befugnis und die Machtmittel, das zu tun.

Weil in diesem Gewaltmonopol des Staates jedoch ein ungeheures Mißbrauchspotential steckt, bedarf es eines Gegengewichts. Deswegen macht man einzelne, fundamentale Rechte zu Grundrechten. Aber es gibt nicht das andere Gefälle, die Macht des einzelnen über den Staat, und deswegen gibt es kein Bedürfnis danach, die Pflichten, die der einzelne hat, als Grundpflichten zu formulieren. Aber es kann sehr wohl ein Bedürfnis geben, die Pflichtenseite gegenüber der in der Tat sehr ausgedehnten Rechteseite zu verstärken.

Nun finde ich außerordentlich beachtenswert, was Herr Lepenies sagt: Der Staat hat nicht mehr das Machtpotential von einst. Er ist vielfach porös zur Gesellschaft hin, er kann vielfach seine Machtmittel nicht mehr wirksam einsetzen, er läuft damit auf und hat andere, wirksame Möglichkeiten zum Teil noch nicht ergriffen. Das ändert aber nichts daran, daß er die einzige Institution ist, die das Gewaltmonopol hat. Und wenn bestimmte Regeln von ihm formuliert worden sind, sind das auch die einzigen, hinter denen das staatliche Gewaltmonopol steht.

Wolf Lepenies:

Es gibt in modernen gesellschaftlichen Entwicklungen Tendenzen zu einer zunehmenden Gewaltförmigkeit, die der Staat anscheinend nur schwer in den Griff bekommt. Wir müssen neu über das Verhältnis von Staat und Gesellschaft nachdenken, wir müssen – nicht zuletzt im Verhältnis von Pflichten und Rechten sowohl des Einzelnen wie des Staates – über einen neuen *contrat social* verhandeln.

Richard von Weizsäcker:

Die Verfassung lebt von Voraussetzungen, die sie selber nicht schaffen kann. Unser Ruf nach Pflichten ist doch nicht damit zu lösen, daß wir mit rechtlichen Mitteln die Erziehungsfragen besser regeln. Es geht um die Inhalte der Erziehung und um die Akzeptanz dieser Inhalte. In Wirklichkeit reden wir also sehr viel mehr über die Zehn Gebote oder das Entsprechende in einer Zeit der Asylsuche und anderer Probleme, bestürmen aber immer Herrn Grimm, der doch nur sagen kann: Diese Fragen sind vielleicht ganz berechtigt, aber die kann ich nicht beantworten.

Der Kern unserer Sorgen geht um etwas, worauf uns Herr Grimm mit Recht hingelenkt hat, mit dem Hinweis allerdings, daß er mit den Mitteln, über die er hier vorzutragen hatte, die Antworten nicht geben kann, sondern nur als der Mensch – und nicht nur Verfassungsrechtler –, der er ist.

Dieter Simon:

Herr Grimm verteidigt natürlich den Rechtsdiskurs und möchte ihn von Einmischungen freihalten. Die Diskussion versucht ihm ständig weitere Dinge anzutragen, die er nicht will. Jetzt herrscht eine gewisse Verzagtheit.

Ich will diese Verzagtheit noch erhöhen, indem ich

sage: Selbst wenn er wollte, würde ich auf keinen Fall wollen, daß er darf. Denn hier ist ein Rechtsvertrauen, was für mich verblüffend ist. Als Jurist schätze ich es natürlich außerordentlich, wenn das Rechtsvertrauen so groß ist, und der Verfassungsrechtler muß das noch mehr schätzen.

Was in der Verfassung steht, sagt letzten Endes das Verfassungsgericht und nicht der Buchstabe der Verfassung. Man braucht sich nur vor Augen zu halten, wie die Verfassung als Text aussieht und was in den hundert Bänden Entscheidungen steht. Das hat relativ wenig miteinander zu tun, und damit hat man den Beweis, daß nicht der Verfassungstext entscheidend ist, sondern das Verfassungsgericht. Von daher kann natürlich das Verfassungsgericht nicht zum Hüter unserer Ethik gemacht werden.

Auch der Versuch, die Verfassung durch ethische oder moralische Normen aufzuladen, führt zu gar nichts. Ich bin der festen Überzeugung, daß auch die Rechtsstruktur total überschätzt wird, wenn man meint, weil in der Verfassung bestimmte Pflichten nicht dringestanden hätten, würden sie heute fehlen. Ich meine, selbst wenn der ganze Dekalog und noch viel mehr in der Verfassung stünde, wären wir in der gleichen Situation.

Deswegen habe ich auch eine abgrundtiefe Skepsis gegenüber der Idee, daß dann, wenn man eine neue Verfassung gemacht hätte, wirklich ein *Punkt Null* angefangen hätte. Wir haben in der Rechtsgeschichte so viele Belege dafür, daß die Justiz immer genau an der Stelle weitergemacht hat, an der sie an dem Tag, an dem sich die Verhältnisse geändert hatten, aufgehört hatte. Das war um 1900 nach der Einführung des BGB so, das war nach dem Zusammenbruch des Kaiserreichs so, das war nach 1945 wieder so. Jeder Rechtshistoriker, der diese Strukturen betrachtet, sieht, daß sie vollständig durchgängig sind.

Es wäre also nicht, wie Herr Höppner meinte, der Müll beiseite geschoben worden und man hätte strahlend jugendlich angefangen, neu zu judizieren. Keine Rede davon, man hätte genau das fortgesetzt, was man vorher gemacht hatte.

Deswegen ist das, was Wolf Lepenies sagt, auch so schwierig: Wenn es keine Kompensation gibt, haben wir in der Tat ein Problem. Es besteht darin, daß wir einen säkularen Staat haben und einen fragmentierten demokratischen Staat, der kein Obrigkeitsstaat ist. In einem zentralen Staat – das haben wir in unserer gemeinsamen Geschichte vor kurzem noch gesehen – kann man natürlich sehr vieles leichter machen.

Jetzt ist die Frage nach dem Contrat social offen. Wer ist überhaupt legitimiert, die Verhandlungen zu führen, und unter welchen Voraussetzungen wird dieser Contrat social wie formuliert? Und wie wird er dann – das ist jedenfalls der einzige Weg, der mir einfällt – qua Erziehung in die Köpfe derjenigen implantiert, die später unsere Rente bezahlen sollen?

Das ist meine Skepsis gegenüber dem allgemeinen Rechtsvertrauen.

Friedrich Dieckmann:

Ich fange an zu begreifen, warum das Grundgesetz nach 1990 nicht in eine Verfassung umgewandelt worden ist: weil man die dann nicht mehr so leicht hätte ändern können. Eine vom Volk beglaubigte Verfassung ist nicht so einfach abzuändern wie ein Grundgesetz, das nur eine parlamentarische Grundlage hat und jederzeit mit Zweidrittelmehrheit umgeschrieben werden kann.

Helmut Schmidt:
Herr Lepenies machte zu Herrn Grimm den Zwischenruf, das Gewaltmonopol des Staates ist inzwischen weitgehend ausgehöhlt. Da müssen Sie »Gewalt« aber sehr eng definieren.

Da wurde zum Beispiel bekanntgegeben, daß die Bayerische Hypotheken- und Wechselbank und die Bayerische Vereinsbank fusionieren. Was dabei herauskommt, ist ein regional übermächtiges Finanzgebilde und gleichzeitig das Einsparen von etwa zehntausend Arbeitsplätzen. Das kann man noch hinnehmen. Wenn sich aber in der Schweiz zwei der angesehensten und größten Banken der Welt vereinigen und dann gemeinsam die zweitgrößte Bank der Welt sind, ist fraglich, ob man das noch hinnehmen kann.

Oder nehmen Sie den hypothetischen Fall, daß sich die Deutsche Bank vereinigt mit der Allianz Versicherung, mit einer großen französischen Versicherungsgruppe, mit einem amerikanischen Investmenthaus und einer japanischen Finanzinstitution und über die sogenannten »Synergieeffekte« hunderttausend Menschen arbeitslos werden.

Sie können sagen, das hat mit Gewalt nichts zu tun. Ich sage, es hat sehr viel damit zu tun, nämlich mit Gewalt über Menschen. Das Gewaltmonopol des Staates ist eine Floskel, die nicht mehr ganz stimmt. Das ist nicht nur eine Folge der Globalisierung, aber durch die Globalisierung wird dieser Prozeß sehr beschleunigt.

In der Hamburgischen Verfassung – eine im Grunde unwichtige Landesverfassung, die wie fast alle Landesverfassungen durch das Grundgesetz weitgehend überlagert ist – steht, jedermann ist verpflichtet, zum allgemeinen Wohl beizutragen. Wenn Sie so wollen, ist das eine deutsche Umformulierung des uns von Cicero übermittelten Satzes: *Salus populi suprema lex*. Ich habe darüber einmal mit Karl Popper debattiert, und er hat gesagt: Im Grunde ist das natürlich richtig, aber die Nazis haben die Sache mit dem Gemeinwohl so mißbraucht, daß es mir, Karl Popper, lieber wäre, statt dessen von Verantwortlichkeit zu reden – jedermann ist mitverantwortlich für das öffentliche Wohl.

Ich bin persönlich nicht dafür, daß das Grundgesetz schon wieder geändert wird und Pflichten hineingeschrieben werden. Aber ich frage mich, wenn doch in dieser Runde übereinstimmend empfunden wird, daß es zunehmend an Verantwortungsbewußtsein von Bürgern fehlt, was wollen wir dann eigentlich tun? Nicht das Grundgesetz ändern, nicht die Gesetze ändern – was wollen wir tun?

Wir wollen das Grundgesetz nicht ändern, wir können auch nicht die Zehn Gebote in ein einfaches Gesetz hineinschreiben wollen; außerdem reichen die Zehn Gebote dann nicht ganz aus. Was aber wollen wir eigentlich tun, um diesem Zustand immer stärker werdender Ansprüche und immer schwächer werdender Verantwortung für das öffentliche Wohl entgegenzutreten?

Edzard Reuter:

Wir haben bisher über die nationale Bedeutung eines Grundgesetzes und eines Bundesverfassungsgerichts geredet. Helmut Schmidt hat mit den Bankenfusionen und den Arbeitsplatzfolgen nun plötzlich Beispiele gegeben, die darüber hinausführen, und er hat die Frage gestellt nach einer Kanonisierung von Werten, die über dieses Nationale hinausgehen.

Nun geht doch offensichtlich die amerikanische Administration nicht zuletzt aus verfassungsrechtlichen Gründen davon aus, daß Menschenrechte auch außerhalb der Vereinigten Staaten von ihr mindestens politisch geschützt werden müssen.

Helmut Schmidt:
Durchgesetzt werden müssen.

Edzard Reuter:
Daher die Politik gegenüber China, daher die Embargopolitik gegenüber Iran, die Politik gegenüber Südafrika.

Wie verhält sich das nun eigentlich bei uns? Wir haben einen fabelhaften Grundrechtskatalog. Dieser schützt unsere Staatsbürger. Er schützt aber schon nicht mehr diejenigen, die dreißig Jahre bei uns leben und nicht unsere Staatsbürger sind. Geschweige denn, daß er die Politik einer deutschen Bundesregierung verpflichtet, sich auch außerhalb oder gegenüber jenen, die nicht unsere Staatsbürger sind, nach diesen Grundrechten zu verhalten. Das ist nach amerikanischer Auffassung anders.

Ich weiß, daß das nicht ins Grundgesetz hineinkommen kann. Trotzdem ist es eine Realität unserer Zeit, daß wir sagen müssen, es gibt auch außerhalb unserer eigenen Grenzen Pflichten, an die sich auch Politik halten muß. Ich weiß nicht, ob das ein Thema eines Contrat social internationaler Natur ist. Aber es steht in der Zukunft auf der Tagesordnung.

Dieter Grimm:
Mit Sicherheit ist die amerikanische Regierung nicht durch die amerikanische Verfassung gezwungen, außerhalb Amerikas Menschenrechtspolitik durchzusetzen.

Edzard Reuter:
Nicht durch die Verfassung, aber durch das Verständnis dieser Verfassung.

Dieter Grimm:
Noch subtiler vielleicht: Dadurch, daß das amerikanische Wählervolk von der Universalität der Menschenrechte und der höchsten Qualität der amerikanischen Menschenrechte so überzeugt ist, erzeugt es einen politischen Druck auf die amerikanische Regierung, auch im Ausland Menschenrechtspolitik zu betreiben, allerdings sehr selektiv, weil es natürlich auch noch andere Druckpotentiale gibt, etwa solche der wirtschaftlichen Opportunität.

Aber davon abgesehen: Langfristig besteht, glaube ich, die Lösung unseres Problems nur in einer Anhebung des internationalen Grundrechtsstandards. Und dann wird sich das vollziehen, was Herr Schmidt eben über die Hamburgische Verfassung gesagt hat: Irgendwann wird das Grundgesetz eine kleine Staatsverfassung sein, die völlig von der europäischen Verfassung überlagert ist; und das ist vielleicht noch nicht der letzte Schritt. Wenn man sich allerdings das ungeheure Gefälle betrachtet, das schon in Europa besteht, und erst recht, wenn wir den außereuropäischen Raum einbeziehen, dann sind die Aussichten, was die Hebung des Standards und vor allem seine rasche Hebung angeht, nicht besonders optimistisch zu beurteilen.

Die Mittwochsgesellschaft vom 18. März 1998

Verantwortung der Akteure im weltwirtschaftlichen Zusammenhang

Helmut Schmidt:
Lassen Sie mich zunächst über das sprechen, was mit dem Begriff »weltwirtschaftlicher Zusammenhang« – ein etwas ungelenker Ausdruck – gemeint ist. Der weltwirtschaftliche Zusammenhang von heute ist etwas vollständig anderes als das, was man im 19. Jahrhundert und in unserem Jahrhundert bis in die 80er Jahre darunter verstand. Nach meinem Gefühl hat das 21. Jahrhundert in bezug auf die Weltwirtschaft bereits während der 80er Jahre begonnen. Ich möchte zunächst die zehn wichtigsten neuen Kategorien der Weltwirtschaft darstellen.

Erstens. Vom Jahr eins Anno Domini gerechnet dauerte es 16 Jahrhunderte, bis sich die Weltbevölkerung von etwa 250 Millionen auf 500 Millionen Menschen verdoppelt hatte. Anschließend dauerte es drei Jahrhunderte, bis sie sich verdreifacht hatte. Zu Beginn unseres Jahrhunderts gab es auf der Welt 1,6 Milliarden Menschen. Im 20. Jahrhundert vervierfachte sich die Weltbevölkerung. Derzeit gibt es 6 Milliarden Menschen auf der Welt. Alle Prognosen stimmen darin überein, daß es in weniger als drei Jahrzehnten 8 Milliarden Menschen auf der Welt geben wird.

Diese Steigerung der Weltbevölkerung vollzog sich fast ausschließlich außerhalb Europas und Nordamerikas, nämlich überwiegend in Asien und Afrika sowie in Lateinamerika.

Anders ausgedrückt: Von Jesus Christus bis heute ist der pro Person verfügbare Raum auf der Erdoberfläche auf 3 Prozent dessen geschrumpft, was damals zur Verfügung stand.

In diesem Zusammenhang folgende auf Deutschland bezogene Zahl: Die pro Person bei uns zur Verfügung stehende Fläche ist heute nur noch halb so groß wie zu Anfang des Jahrhunderts im damaligen Deutschen Reich. Oder: In Deutschland leben derzeit doppelt so viele Menschen auf einem Quadratkilometer wie zu Beginn dieses Jahrhunderts.

Zweitens. Seit der Öffnung Chinas für die Weltwirtschaft – zur Zeit 1,2 Milliarden Menschen, in 20 Jahren 1,4 Milliarden Menschen – und dem Zusammenbruch der Sowjetunion – in ihren Nachfolgestaaten leben derzeit rund 300 Millionen Menschen – hat sich die Zahl der an der Weltwirtschaft beteiligten Individuen verdoppelt. Sie wird sich im Laufe der nächsten 20, 25 Jahre auf das Dreifache steigern. Natürlich ist das Ausmaß des weltwirtschaftlichen Engagements der einzelnen Länder sehr verschieden, ebenso das durchschnittliche Engagement innerhalb eines Landes. Das amerikanische Volk ist in die Weltwirtschaft höchstens zu einem Drittel so stark verflochten wie das deutsche Volk. Der Anteil der Amerikaner am Weltexport ist ungefähr so groß wie der unsrige – bei dreimal größerer Bevölkerung.

Auch die Verflochtenheit der Japaner in die Weltwirtschaft ist wesentlich stärker als die der Amerikaner, und natürlich ist die Verflochtenheit der Russen in die Weltwirtschaft einstweilen sehr viel geringer als etwa die der meisten westeuropäischen Staaten. Die russische, deutsche, amerikanische, thailändische, indonesische, japanische, koreanische und in zunehmendem Maße auch die indische Wirtschaft – in Indien leben immerhin 900 Millionen Menschen – sind heute stärker in die Weltwirtschaft verflochten als jemals zuvor. Noch zur Zeit des Marshallplans, der Währungsreform oder der Gründung der Bundesrepublik Deutschland hat man unter Weltwirtschaft – dieses Wort gab es im vorigen Jahrhundert überhaupt nicht – im wesentlichen die damaligen OEEC-Staaten verstanden. Heutzutage ist der Begriff Weltwirtschaft zum erstenmal wirklich gerechtfertigt.

Drittens. Wir haben auf dem Felde des Güterverkehrs einen Qualitäts- und Quantitätssprung erlebt. Während zu meiner Kindheit fünfmastige Segelschiffe mit Salpeter um Kap Horn fuhren und dann nach Hamburg zurückkehrten, gibt es heutzutage riesige Containerschiffe, mit der Folge, daß beim Transport beispielsweise einer in den USA hergestellten Maschine von New York nach Wien der Transport von New York in den Hamburger Hafen weniger kostet als jener von Hamburg nach Wien. Der Güterverkehr zwischen den Ländern ist stärker gewachsen als die dortigen Bruttosozialprodukte.

Viertens. Es gibt ebenfalls einen Qualitäts- und Quantitätssprung im Personenverkehr. Große Personenschiffe dienen heute nur noch dem Reisevergnügen Reicher; selbst die weniger Betuchten fliegen in die Karibik, nach Ägypten oder auf die Komoren. Für Goethe war seine Italienreise noch ein sein ganzes Leben beeinflussendes Ereignis, von dem er gezehrt hat. Heutzutage ist die jährliche Flugreise in den Urlaub nichts Besonderes.

Fünftens. Einen Qualitäts- und Quantitätssprung gibt es ebenso im Bereich der Telekommunikation. Zu meiner Kindheit war das Verschicken eines Telegramms etwas Außergewöhnliches; einen Telefonanschluß hatte man sowieso nicht. Heutzutage schlafen die Wertpapierhändler der großen Banken mit dem Handy neben dem Kopfkissen, um noch nachts auf die Ereignisse an der Tokioter Börse reagieren zu können.

Sechstens. Etwa seit der Aufrüstung vor dem zweiten Weltkrieg haben wir eine Beschleunigung des technischen Fortschritts insgesamt in einem zuvor nicht gekannten Ausmaß erlebt. Ohne die riesigen Rüstungsetats Moskaus und Washingtons wäre das Tempo des technischen Fortschritts geringer ausgefallen. Ich vermute, daß in Zukunft der technische Fortschritt nicht in diesem Tempo weiterwachsen wird, da gegenwärtig niemand einen dritten Weltkrieg fürchtet und deshalb die Rüstungsetats überall heruntergefahren wurden.

Siebtens. Nicht nur der technische Fortschritt an sich hat eine gewaltige Beschleunigung erfahren, sondern auch seine Ausdehnung auf andere Staaten. Zunächst hat es lange gedauert, bis die Japaner von uns gelernt haben, wie man in großem Stil und billiger als in Deutschland Schiffe baut; nicht ganz so lange hat es gedauert, bis die Koreaner dies von den Japanern gelernt haben. Zunächst hat es etwas gedauert, bis die Japaner in der Lage waren, hochwertige Kameras herzustellen; inzwischen spielt die deutsche Kameraindustrie auf dem Weltmarkt keine Rolle mehr. Dasselbe gilt für die deutsche Textil-, Leder- und Schuhindustrie.

Die zeitlichen Vorsprünge der alten Industrieländer, die nach wie vor die Führung auf dem Gebiet der naturwissenschaftlichen und medizinischen Grundlagenforschung sowie in der anwendungsorientierten Forschung und in der Entwicklung innehaben, werden immer kürzer gegenüber entsprechenden Entwicklungen beispielsweise in Japan oder Korea. Die gleiche Software, die bei SAP hergestellt wird, wird genausogut in Indien hergestellt – aber zu nur einem Zehntel der Kosten. In ganz Europa gibt es kein größeres Softwarezentrum als das in Bangalore.

Ein Land wie Indonesien baut und exportiert Passagierflugzeuge und entwickelt Düsenflugzeuge. Noch vor 20 Jahren meinte man, der dortigen Bevölkerung dringend auf dem Wege über die Entwicklungshilfe helfen zu müssen. Die Chinesen und Japaner sind mühelos in der Lage, moderne Technik zu akzeptieren, zu imitieren und selbst zu entwickeln. Das ist etwas völlig Neues.

Achtens. Niemals zuvor hat es ein solches Ausmaß an Handelsfreiheit gegeben wie derzeit.

Neuntens. Einhergehend mit dieser Handelsfreiheit haben wir ein Maximum an Investitionsfreiheit erreicht. Es macht überhaupt kein Problem, eine Produktion vom Ruhrgebiet nach Indien zu verlagern. Dort ist man glücklich über diese Investition; vielleicht zwingt man den Investor zu einem Joint-venture, um so noch schneller Einblick in die Technologie zu gewinnen. Eine solche Niederlassungsfreiheit führt natürlich zur Beschleunigung der Verlagerung von Produktionen. High-Technology wird heutzutage auch in jenen Niedriglohnländern produziert, die vor 20 Jahren herablassend als Entwicklungsländer betrachtet wurden. Das gilt derzeit allerdings noch nicht für Spitzenprodukte der High-Tech-Industrie.

Zehntens. Wir haben ein Maximum an Freiheiten des weltweiten Verkehrs mit Geld und Kapital. Kapitalverkehrskontrollen sind zur großen Ausnahme geworden. Seit dem Abbruch des Bretton-Woods-Systems fester, aber anpaßbarer Wechselkurse durch die Vereinigten Staaten Anfang der 70er Jahre haben wir auf der ganzen Welt mit wenigen Ausnahmen freischwebende Wechselkurse. Infolgedessen sind weltweit Währungs- und Geldmärkte entstanden, an denen rund um die Uhr Geschäfte getätigt werden. Es lohnt sich, in den Dealers' Room auch nur einer mittelgroßen Bank in Japan zu schauen. Dort sitzen Hunderte von Mitarbeitern vor ihren Bildschirmen und Telefonen und handeln mit Wertpapieren oder Währungen. Es gibt einen weltumspannenden Derivatemarkt, den kaum jemand durchschaut, auch nicht die Vorstände der Großbanken.

Anfang des nächsten Jahrhunderts werden wir einen weltweiten Grundstücksmarkt in Form von Zertifikaten erleben; erste Anzeichen dafür sind bereits zu erkennen.

Ich komme zu den bisher erkennbaren Auswirkungen und nenne als erstes die Verlagerung von Arbeitsplätzen ins Ausland. Sie ist zwangsläufig.

Zweitens ist ein weltweiter Spekulationismus entstanden. Der Durchschnittskurswert der deutschen Aktien, der DAX, hat sich im Laufe der letzten zwölf Monate auf das Anderthalbfache seines Ausgangswertes erhöht. Natürlich ist die deutsche Volkswirtschaft als ganze nicht anderthalbmal so leistungsfähig wie vor zwölf Monaten. In anderen Ländern ist die Steigerung zum Teil noch stärker ausgeprägt.

Übrigens haben wir heute in Deutschland die höchsten Aktienkurse seit Bestehen der Republik. Wir haben zwar de facto sechs Millionen Arbeitslose, aber die Aktienkurse sind auf einem Höchststand!

Auf der anderen Seite gibt es den Verfall einiger südostasiatischer Währungen, die innerhalb weniger Wochen 50 Prozent und mehr ihres Wertes verloren haben. Nun hat sich die thailändische, die japanische oder die indonesische Wirtschaft natürlich nicht dermaßen zurückentwickelt, aber die Währungen sind zum einen als Folge des freien Geld- und Kapitalverkehrs verfallen. Heute kann man mit einem einzigen Telefonanruf Milliardenbeträge bewegen. Das ist übrigens auch einer der Gründe für den Anstieg der deutschen Aktienkurse. Freischwebende Liquidität muß irgendwo untergebracht werden, also werden auch deutsche Aktien gekauft.

Zum anderen sind diese Währungen als Folge der Psychologie an den Märkten verfallen. Diese Psychologie ist jene der Schafe auf dem Deich: Eines beginnt zu rennen, und alle rennen hinterher. So entstehen Schneeballeffekte. Einige taktieren ganz bewußt so, weil sie zuvor entsprechende Käufe oder Verkäufe getätigt haben und nun verdienen wollen.

Die neuen Freiheiten haben in zunehmendem Umfang zur Globalisierung der Aktionsradien der Unternehmen geführt. Heutzutage hat selbst ein mittelständischer Maschinenbauer seine Kunden auf der ganzen Welt. Mit nichts zu vergleichen sind allerdings die Aktionsradien von Banken, insbesondere von Investmenthäusern – diese fallen in Deutschland unter den Begriff der Banken, obwohl sie ein Aliud sind –, die heutzutage Zukäufe und Verkäufe von Firmen, Fusionen, Übernahmen begleiten.

Zur Globalisierung von Aktionsradien hat auch die Kreditgewährung von bisher durchaus soliden konventionellen Banken geführt. Die Krise in Südostasien führt dazu, daß eine Reihe angesehener großer deutscher Banken Kredite abschreiben müssen, wobei der Steuerzahler zum Teil mitzahlt, soweit der Bund in solchen Fällen Hermes-Bürgschaften gewährt hat.

In den Banken und Investmenthäusern gibt es Zehntausende von Angestellten, die nichts weiter tun, als vor dem Computer und am Telefon zu sitzen und Käufe oder Verkäufe zu tätigen. Mit 40 Jahren sind sie nervlich ruiniert; in keinem Dealers' Room findet man Angestellte, die älter als 40 Jahre sind. Sie sind Fachidioten, die nichts außer ihrem Geschäft verstehen. Sie sind ungebildete, aber sehr erfolgreiche Händler mit riesigen Bonifikationen. Ich habe neulich gehört, daß der Händler eines New Yorker Investmenthauses 1996 etwas über 20 Millionen Dollar als Bonifikation erhalten hat. Man ahnt, welchen Gewinn das Investmenthaus in diesem Jahr gemacht haben muß, wenn es solche Bonifikationen zahlt. Auch in Deutschland sind ähnliche Entwicklungen in vollem Gange, und die Elektronisierung wird sie weiterhin beschleunigen.

Zur Globalisierung der Aktionsradien beigetragen haben insbesondere auch Fernsehen, Internet und ähnliche Entwicklungen. Die Globalisierung von Sensation, Verbrechen und Sex durch die Unterhaltungsindustrie in Hollywood hat enorme Ausmaße angenommen. Die kulturelle Beeinflussung, die von der Dauerberieselung durch das Fernsehen ausgeht, ist nicht zu unterschätzen. Kinder im Alter bis zu 13 Jahren sitzen in Deutschland pro Woche mehr Stunden vor dem Fernseher als in der Schule.

Viele der Manager an der Spitze von Unternehmen, Finanzinstituten, Banken und Versicherungen sind vom

Größenwahn befallen. Was von ihnen betrieben wird, bezeichne ich als Raubtierkapitalismus. Sie möchten alle Global player sein. Eine große Rolle spielt auch der Ehrgeiz. Als zwei Schweizer Großbanken ihre Fusion ankündigten, schrieben die Wirtschaftsredakteure konservativer Zeitungen: Das ist eine große Herausforderung für die Deutsche Bank, denn sie fällt von Platz zwei auf Platz drei zurück, sie muß etwas unternehmen, um ihren alten Platz zu behalten!

Neben Ehrgeiz und Machtstreben spielt auch der persönliche Profit eine Rolle. Man kann ungeheuer viel Geld machen – »verdienen« wäre nicht der richtige Ausdruck –, wenn man sich an diesen weltweiten spekulativen Geschäften geschickt beteiligt. Einige – wie George Soros – haben hinterher Gewissensbisse und stellen große Teile ihrer Spekulationsgewinne für wohltätige Zwecke zur Verfügung.

Möglicherweise hängt die Entwicklung auch damit zusammen, daß man kaum noch Eigentümer-Unternehmer findet, sondern überwiegend angestellte Manager, die von Hause aus nicht mehr Physiker, Ingenieur oder Chemiker sind, sondern an den Universitäten Business administration gelernt haben.

Weil der Aktionsradius des Handelns sich so erweitert hat, nimmt die Kompetenz der Regierungen und der Parlamente ganz eindeutig ab. Mit Kompetenz meine ich im eigentlichen Sinne des Wortes das Vermögen einzugreifen, zu gestalten und zu kontrollieren. Die Regierungen, zumal in Westeuropa, werden zunehmend unfähig, mit den Auswirkungen dieser neuen, zunehmend sich breitmachenden Phänomene fertig zu werden. Das gilt auch für Japan, das seit dem Ende der 80er Jahre nicht in der Lage ist, mit der Krise seines Banken- und Finanzapparats umzugehen. Der Zins in Japan steht schon seit über einem Jahr bei 0,5 Prozent, ohne daß dies den Aufschwung bringt. In Europa ist es anders, aber nicht besser. Die europäischen Regierungen sind nicht fähig, mit ihrer Massenarbeitslosigkeit fertig zu werden.

Eine weitere Folge dieser Entwicklung ist die Krise des Wohlfahrtsstaates in ganz Westeuropa. Diejenigen Länder, denen man nacheifern soll, nämlich Amerika und Großbritannien, sind keine Wohlfahrtsstaaten, sondern weisen eine gesellschaftliche Situation auf, die in Frankreich oder in Deutschland wahrscheinlich zum Erstarken links- und rechtsradikaler Parteien führen würde. In Amerika gibt es 30 bis 40 Millionen Working poor, davon sind drei Viertel Schwarze. Dort arbeitet jemand voll und kann trotzdem seine Familie nicht ernähren. In Großbritannien kann keine Rentnerin und kaum ein Rentner allein von der Rente leben.

So sind diese beiden Staaten sehr kapitalistisch bisher mit der Krise fertig geworden, ohne daß es schwerste politische Auswirkungen hatte. In Großbritannien kam es zur Ablösung einer sehr konservativen Regierung durch eine scheinbar fortschrittliche Regierung. Wie fortschrittlich die neue Regierung wirklich ist, bleibt abzuwarten.

In Frankreich kam es zu einer Regierungsablösung, in Deutschland kann es in diesem Herbst dazu kommen, ohne daß erkennbar wäre, daß die neuen Regierungen fähig wären, mit den beschriebenen Phänomenen besser umzugehen als ihre Vorgänger.

Wer sind die Akteure, deren Aktionsradius sich so enorm ausgeweitet hat? Von Soros bis Schimmelbusch, von Nomura bis zu den Schweizer Großbanken – es handelt sich überwiegend um Manager, nicht um Eigentümer-Unternehmer, die selbst etwas »erfunden« haben. Die nationalen Bankaufsichtsbehörden in Kontinentaleuropa – in Deutschland das Bundesaufsichtsamt für das Kreditwesen – sind gehandicapt: Sie haben weder den Überblick über das, was in der Welt geschieht, noch können sie sich ein Urteil über die Risiken bilden. Woher sollen sie auch den Überblick haben? Niemand vom Bundesaufsichtsamt, niemand von der Deutschen Bundesbank hat die Banken vor einem zu starken Engagement in Thailand und in Indonesien gewarnt. Allein der klügste aller Zentralbanker, Alan Greenspan, sowie sein Vorgänger Paul Volcker haben Warnungen ausgesprochen. Aber die Gewarnten haben das nicht ernst genug genommen.

Die Versicherungsaufsicht ist auch kaum noch in der Lage, die Konsequenzen zu übersehen, die sich aus den grenzüberschreitenden Fusionen ergeben. Die Börsenaufsichtsbehörden sind nicht in der Lage, den Spekulationismus zu brandmarken. Gelegentlich wird ein Insidergeschäft entdeckt, aber das spiegelt nicht das wirkliche Risiko wider, um das es geht. Die Kartell- und Monopolaufsicht, die in Deutschland sehr gelobt und für besonders wichtig gehalten wird, ist zunehmend überfordert.

Spielt in diesem Zusammenhang die Weltbank eine Rolle? – Nein, sie ist auf Entwicklungshilfe beschränkt. Spielt der Internationale Währungsfonds eine aktive Rolle? – Nein, er ist heute eine Feuerwehr, die von Fall zu Fall einschreitet, wenn die Flammen bereits aus dem Dachstuhl schlagen.

Sind die nationalen Zentralbanken Akteure in diesem Spiel? – Am ehesten noch der Federal Reserve Board. Aber auch er warnt beispielsweise nicht davor, daß die amerikanische Auslandsschuld netto pro Jahr um 150 Milliarden Dollar wächst. Der phantastische Wirtschaftsaufschwung in Amerika hängt nicht zuletzt mit den in Amerika angelegten Ersparnissen aus Ostasien zusammen.

Die japanische Zentralbank kann überhaupt keinen Einfluß ausüben. Darüber hinaus ist sie in Korruptionsaffären verwickelt.

Die Deutsche Bundesbank hat die letzte Krise in Mexiko und auch die Krise in Asien nicht vorhergesehen, hat nicht gewarnt.

Ist dieser Zustand lebensgefährlich? Meine Antwort lautet: Es kommt darauf an, ob man Pessimist ist oder an die heilenden Kräfte der Vernunft glaubt. Das kann so oder so ausgehen. Politisch ist der Zustand gefährlich: siehe Korea, Indonesien oder Le Pen in Frankreich. Wie lange werden die Ostdeutschen eine Arbeitslosenquote in den Städten von real 25 bis 30 Prozent aushalten? Diese Quote ist genauso hoch wie 1932.

Was ist zu tun? An dem Appell an die Vernunft und das Verantwortungsbewußtsein der privaten Manager – entsprechend der Aufforderung von Marion Dönhoff: Zivilisiert den Kapitalismus! – möchte ich mich beteiligen, obwohl ich weiß, daß das Ergebnis geringfügig sein wird. Die Regierungen könnten die negativen Wirkungen wesentlich mildern. Die holländische und die dänische Regierung – auf Neuseeland will ich jetzt nicht eingehen – haben das bewiesen. Um so agieren zu können, müssen die Regierungen die Lage verstehen. Sie müssen wissen, daß die Globalisierung allein nicht schon die soziale und ökonomische Misere in Westeuropa beseitigen kann.

Mindestens ebenso gewichtig ist die Erkenntnis, daß sich ein sozial-, wirtschafts-, finanz- und steuerpolitischer Regulierungsschlendrian hat breitmachen können. In Deutschland kann jedes Verwaltungsgericht Rieseninvestitionen für Jahre brachlegen.

Ist eine Welt-Kartellaufsicht, eine Welt-Bankaufsicht, eine Welt-Versicherungsaufsicht, eine Welt-Börsenaufsicht zu erhoffen? Das alles wäre sehr wünschenswert, aber die Hoffnungen auf Realisierung sind in meinen Augen ganz gering. Ist zu hören, daß die WTO, die Weltbank, der IWF steuernde und kontrollierende Aktivitäten entfalten? Ich glaube es nicht.

Aus der beschriebenen Situation ziehe ich folgende Schlußfolgerung: Nichts darf uns daran hindern, die Europäische Union auszubauen, eine europäische Zentralbank und eine europäische Währung zu schaffen, die allerdings in den nächsten drei bis fünf Jahren soviel Gewicht werden bekommen müssen, daß sie in der Welt ernst genommen werden müssen. Möglicherweise führt der Euro zur Wiederherstellung fester Wechselkurse, wie wir sie von Christi Geburt bis Anfang der 70er Jahre hatten, mit Ausnahme der Zeit der beiden Weltkriege. Der Unsinn der Währungsschwankungen ist Anlaß für die Explosion des Spekulationismus. Wenn es den Euro gibt, wird er gut funktionieren und dazu führen, daß im Laufe der nächsten drei bis fünf Jahre beinahe die Hälfte aller in Dollar angelegten Währungsreserven in Euro umgetauscht wird, mit entsprechenden Konsequenzen für den Wechselkurs des Dollars. Auch die Privaten werden einen Teil ihrer Dollarpapiere in auf Euro lautende Papiere umschichten. Das wird bei den Privaten langsamer vonstatten gehen als bei den Zentralbanken.

Die Europäische Zentralbank und die Europäische Union können ein Gegengewicht bilden gegen die übermächtige Ideologie des Raubtierkapitalismus. Gegenwärtig macht Europa nicht den Eindruck, daß die führenden Persönlichkeiten überhaupt verstehen, mit welchem Problem sie es zu tun haben.

Ausgeschlossen ist, daß die im Weltmaßstab kleinen europäischen Staaten weiter nur national agieren. Wenn die Gegner des Euro in der Politik sich durchsetzen oder das Bundesverfassungsgericht so urteilt, daß es den Euro nicht geben wird, dann werden ganz sicher die europäischen Regierungen noch mehr an Kompetenz verlieren gegenüber dem sich erweiternden Aktionsspielraum der Manager privater Banken und Unternehmen.

Diskussion

Marion Dönhoff:

Ich kann nicht verstehen, daß die Regierungen und die Organisationen, die ein Interesse am Funktionieren der Marktwirtschaft haben, nicht verhindern können, daß jenes eintritt, was Karl Marx prophezeit hat, nämlich daß der Kapitalismus zum Monopolkapitalismus wird. Sie müßten doch dafür sorgen, daß die Zahl der mittleren Betriebe, die im Wettbewerb miteinander stehen, größer wird, statt daß nach vielen großen Fusionen ein paar Monopole übrigbleiben.

Dieter Simon:

Was Helmut Schmidt geschildert hat, ist aus meiner Sicht nicht das Ergebnis eines immer stärker werdenden Monopolkapitalismus. Wir erleben ja gleichzeitig das Phänomen, daß entgegen allen Lehrbuchmeinungen bei stärkerer Konzentration der Wettbewerb dieser großen sogenannten Monopole eher zunimmt. Beispielsweise hat die Konzentration im Bereich der Telekommunikation in weiten Bereichen dazu geführt, daß die Preise sinken. Das ist nicht von selber geschehen; da hat man nachhelfen müssen. Es ist nicht so, daß am Schluß nur noch drei Automobilfirmen in Europa übrigbleiben und diese dann ihre Preise absprechen und damit den Markt kaputtmachen.

Dieses Phänomen ist nur durch die Globalisierung zu

erklären, hinter der neben nüchternen Zwängen sicher auch eine Menge Herdentrieb steckt.

Ich zweifle, ob die Ideen einer weltweiten Monopolautorität im Augenblick das Vordringliche sind. Aus meiner Sicht spielen die völlig aus den Fugen geratenen Finanzmärkte eine ganz wichtige Rolle, auf denen rund um die Welt agiert wird. Ausschlaggebend ist auch die Tatsache, daß das Geschäft mit Geld sich vom traditionellen Warenhandel gelöst hat und ebenfalls aus den Fugen geraten ist.

Absolute Priorität muß der Versuch haben, die spekulativen und teilweise durch massive gemeinsame Interessen getragenen Volatilitäten der Finanzmärkte in den Griff zu bekommen. Ich teile die Auffassung, daß hier dem Euro eine große Bedeutung zukommt. Ich hoffe, daß der Euro das Kernübel der flexiblen Wechselkurse beseitigt, die in Deutschland zu Zeiten eines sozialdemokratischen Wirtschaftsministers eingeführt wurden.

Helmut Schmidt:
Wir haben versucht, das aufzuhalten, aber Amerika hat sich durchgesetzt.

Dieter Simon:
Der eben zitierte Wirtschaftsminister war aber wohl auch nicht der Fels in der Brandung.

Helmut Schmidt:
Nein, er ist auf der amerikanischen Liberalisierungswoge mitgeschwommen.

Dieter Simon:

Wenn der Euro einen Beitrag dazu leisten kann, daß wieder ein System fester Wechselkurse à la Bretton Woods entsteht, wäre gewaltig viel erreicht, jedenfalls viel mehr, als man beispielsweise mit der Tobin-Steuer bewirken kann.

Die Geldbewegungen sind heutzutage losgelöst von den realen Werten und sind zugleich eine weltweite Bubble economy. Früher haben wir erklärt, die Situation in Japan sei vollkommen ungesund, weil dort Immobilien auf der Basis eines absolut überzogenen Wertes beliehen würden, der nie realisierbar wäre. Ich behaupte, daß heutzutage die weltweit tätigen Firmen mit Werten belegt werden – zum Ausdruck kommend in den Aktienkursen –, die auch nichts mehr mit der Realität zu tun haben.

Der Grund ist: Es zirkuliert zuviel Geld, früher wegen der enormen Einnahmen aus dem Ölgeschäft, heute wesentlich wegen der zur Alterssicherung gebildeten Ersparnisse. Während in Deutschland früher der Staat oder die Unternehmen Gelder für die Altersversorgung mündelsicher, wie es hieß, anlegen mußten, herrscht heute die umgekehrte Mentalität: Man steigere die zur Alterssicherung zur Verfügung stehenden Werte in höchstmöglichem Umfang, beispielsweise durch Aktienspekulationen.

Helmut Schmidt:

Wenn ich in Deutschland einen Trommelrevolver besitze, aber keinen Waffenschein, ist dieser Besitz illegal. Es ist in Deutschland absolut illegal, eine Maschinenpistole zu besitzen. In Amerika ist das erlaubt. Die Investmentbanken haben alle im übertragenen Sinne Revolver und Maschinenpistolen im Keller, und dafür gibt es keinen Waffenschein. Der jetzige Vorstandsvorsitzende von Daimler hat sich öffentlich gerühmt, daß seine Firma, eine Automobil- und Flugzeugfirma, Hunderte von Milliarden Geldumsätze getätigt hat – ohne Waffenschein.

Ich würde eine Waffenscheinpflicht für jene einführen, die sich auf den Geld- und Kreditmärkten tummeln. Ich würde es der Metallgesellschaft oder pharmazeutischen Unternehmen verbieten, auf den Geld- und Kreditmärkten aufzutreten. Ich würde ihnen vorschreiben, daß sie dazu jemanden brauchen, der sozusagen einen Waffenschein besitzt. Es darf ja auch nicht jedermann einem anderen Medikamente verkaufen. Die dazu befugten Apotheken werden laufend kontrolliert.

Es wäre ein großer Fortschritt, dies in Amerika durchzusetzen. Dazu bedarf es vielleicht eines Zeitraums von 25 Jahren zur politischen und psychologischen Vorbereitung.

Natürlich würden in Deutschland einige aufschreien, daß ihnen nun verwehrt werde, die Gewinne zu machen, die J. P. Morgan, Lazard Frères oder NatWest einfahren. Aber irgendwo muß man den Anfang machen.

Ernst-Joachim Mestmäcker:

Zu der Frage, warum die Staaten, die an einer funktionierenden Marktwirtschaft interessiert sind, nichts gegen Wettbewerbsbeschränkungen tun: Es scheint mir sicher zu sein, daß die Globalisierung und der sogenannte Standortwettbewerb dazu geführt haben, daß sich die Regierungen zunehmend mit ihren eigenen Unternehmen identifizieren, wenn es Konflikte gibt. Wenn Boeing und McDonnell Douglas in den USA fusionieren, wird die EG-Kommission intervenieren, anschließend interveniert der amerikanische Präsident bei der EG-Kommission. Wenn die EG-Kommission das Joint-venture zwischen Bertelsmann und Kirch auch nur prüfen will, interveniert der Bundeskanzler bei der EG-Kommission.

Mit anderen Worten: Die Trennung von Staat und Wirtschaft, die ein strenges Monopolrecht voraussetzt, und eine unabhängige Beurteilung, die internationale Aspekte einbezieht, sind weitgehend abhanden gekommen. Als Ursache dessen ist auch die Entwicklung zu sehen, daß die Amerikaner seit langem von ihrer multilateralen Freihandelspolitik abgegangen sind und mit der WTO eine Organisation etabliert haben, in deren Ermessen es steht, ob sie bilateral oder multilateral vorgeht. Das wird ad hoc entschieden, und zwar in Übereinstimmung mit dem amerikanischen Staatsinteresse. Es gibt kein amerikanisches Engagement mehr, das immerhin in den ersten beiden Jahrzehnten nach dem zweiten Weltkrieg sehr deutlich vorhanden war. Dies hat im Zeichen der japanischen Wettbewerbserfolge einer radikal am nationalen Interesse orientierten Politik Platz gemacht.

Helmut Schmidt:

Sacro egoismo!

Ernst-Joachim Mestmäcker:

Ich habe das im Zusammenhang mit internationalen Verhandlungen über die Telekommunikation beobachten können. Die Amerikaner haben vor etwa 20 Jahren mit einem Vorschlag für multilaterale, am GATT orientierte Regeln begonnen und sind dann verhältnismäßig schnell zu dem schlichten Prinzip übergegangen: You have to make telecommunications negotiable, also auf bilateraler Ebene das Äußerste herauszuholen. Die gesamten Reformbewegungen in Japan auf dem Gebiet der Telekommunikation sind von der amerikanischen Regierung ganz konkret erzwungen worden. Das waren keine autonomen Entscheidungen Japans.

In der WTO gibt es immerhin Ansätze, daß in den Bereichen, in denen das interne amerikanische Wirtschaftsrecht und die europäische Entwicklung übereinstimmen, auch inhaltlich materiellrechtliche Prinzipien auf Weltebene vereinbart werden können.

Auf Grund eines Chinabesuchs meine ich: Wenn es gegenwärtig ein Land gibt, bei dem die Risiken des Strukturwandels rücksichtslos auf die arbeitende und die nicht arbeitende Bevölkerung abgewälzt werden, dann ist es China. Wenn man einen nicht zivilisierten Kapitalismus sehen will, muß man sich China anschauen: keine Arbeitslosenversicherung bei schnell steigenden Arbeitslosenzahlen, kaum eine Altersversorgung und eine Politik, bei der die Arbeiter unter Androhung der Entlassung gefordert sind, von ihrem Lohn Aktien an den in Aktiengesellschaften umgewandelten Staatsunternehmen zu erwerben. Entsprechendes gilt für die Werkswohnungen.

Der Hintergrund ist folgender: Die Staatsunternehmen sind hochverschuldet und nicht profitabel. Der Staat, der bisher von den Einnahmen aus den Staatsunternehmen gelebt hat, versucht, auf diese Weise zu Einnahmen zu kommen. Hier gibt es einen unmittelbaren Zusammenhang mit den Fragen, die wir unter der Überschrift monopol- und kartellrechtliche Probleme behandeln. In der gegenwärtigen Diskussion in China spielt die Frage eine Hauptrolle, wie die nach wie vor weitgehend in den Händen der Provinzen befindlichen Verwaltungsmonopole gebrochen werden können, aber nicht um zu einer marktwirtschaftlichen Ordnung zu kommen, sondern im Kern geht es darum, wie man zu von Peking zu steuernden Konzernen gelangt. Dies ist die eigentliche Strategie, die auch der Wirtschaftsgesetzgebung und ihren Reformen zugrunde liegt.

Im Gegensatz zu der Zeit vor zehn, fünfzehn Jahren ist heute die Diskussionsfähigkeit der jungen chinesischen Kollegen auf sozial- und rechtswissenschaftlichem Gebiet auf westlichem Niveau. Man kann mit ihnen über Fragen der Wirtschaftsordnung und des Wirtschaftssystems auf einem guten wissenschaftlichen Niveau diskutieren.

Helmut Schmidt:
An der Spitze mit Zhu Ronji. Ihn kann man in jeder ökonomischen Diskussion in Amerika oder in Europa auftreten lassen.

Dieter Grimm:
Ohne Frage ist ein Kompetenzverlust der Politik gegenüber den geschilderten Phänomenen vorhanden. Das ist aber nicht in jedem Fall ein Ausdruck der Unfähigkeit von Politik, sondern das Problem liegt darin, daß sich eine Schere zwischen den Aktionsräumen für private Akteure und denen für politische Akteure aufgetan hat. Die privaten Akteure agieren global, die politischen Akteure

sind nach wie vor überwiegend in den nationalen Aktionsrahmen verwiesen.

Die einzige Lösung dieses Problems besteht darin, daß die politischen Aktionsrahmen den privaten Aktionsrahmen nachwachsen. Das ist allerdings leichter gesagt als getan. Es gibt Ansätze auf der Regulierungsebene, aber kaum auf der Ebene der Durchsetzung. Es gibt Vereinbarungen und rechtliche Instrumente, aber die Durchsetzung bleibt im wesentlichen eine der nationalen politischen Akteure. Die Durchsetzung ist also weitgehend auf das Wohlwollen, aber auch auf die Egoismen der nationalen politischen Akteure angewiesen.

Deswegen ist Europa ein außerordentlich fruchtbarer, bisher nicht imitierter Ansatz, aber der Weg muß weiterweisen hin auf Weltdurchsetzungsmechanismen. Wenn man sieht, wie viele Mitglieder der Vereinten Nationen sich auch nur in bescheidenem Maße demokratisch oder rechtsstaatlich nennen können, kann man freilich auch da nicht besonders optimistisch sein.

Giuseppe Vita:

Neben der Explosion der Weltbevölkerung kann ein zweiter Risikofaktor die Veränderung der Lebensgewohnheiten von Nationen wie China oder Indien sein. Wenn die Chinesen in Zukunft genausoviel Fleisch essen werden wie die Europäer, ist eine Riesenkatastrophe vorprogrammiert. Der Aufwand, der erforderlich ist, damit man eine Kalorie über den Verzehr von Kalbfleisch zu sich nehmen kann, entspricht dem für zehn Kalorien, über vegetarische Ernährung zugeführt. Bei Schweinefleisch sind es sechs Kalorien, bei Hühnerfleisch drei Kalorien.

Jener Teil der Erdoberfläche, der zur Erzeugung von Lebensmitteln zur Verfügung steht, hat sich dramatisch auf 3 Prozent reduziert. Ohne die moderne Chemie wäre hier eine Nutzung wesentlich weniger ertragreich.

Eine Bemerkung zum Kommunismus. Die Mauer wurde gebaut, um die Kommunisten vor den Kapitalisten zu schützen. Zugleich sind auf diese Weise seit Kriegsende die westlichen Länder vor der Konkurrenz von Milliarden Menschen geschützt worden. Jetzt gilt das nicht mehr. Nach dem Prinzip der kommunizierenden Röhren wird unser Wohlstand sinken, jener in den früher abgeschotteten Ländern steigen.

Helmut Schmidt:
Das ist unausweichlich, was immer wir tun.

Giuseppe Vita:
Das ist auch nicht schlimm, denn der Lebensstandard in den westlichen Ländern hat ein sehr hohes Niveau erreicht. Viele benutzen ein Auto im Wert von 100 000 DM, um den Weg zwischen Wohnung und Büro zurückzulegen. Das ist ein unnötiger Luxus auf Kosten anderer Menschen. Ich bin gegen den von Herrn Schmidt vorgeschlagenen Waffenschein zum Agieren auf den Geld- und Kreditmärkten. Leute wie Soros oder Schimmelbusch hätten doch mit Sicherheit einen solchen Schein, ebenso die großen Banken. Wenn sie dann die einzigen sind, die solche Geschäfte tätigen dürfen – ich erinnere nur daran, daß beispielsweise die Firmen ihre Pensionsrückstellungen bei Banken und Investmentfonds unterbringen –, erhöht man ihre Macht. Ich weiß nicht, ob das gewollt ist.

Helmut Schmidt:
Ich habe gleichzeitig darauf hingewiesen, daß wir eine funktionierende Bankenaufsicht benötigen.

Giuseppe Vita:
Eine Bemerkung zu den Investitionen deutscher Firmen im Ausland. Natürlich läßt man im Ausland produzieren, weil es billiger ist, aber zum Teil wird man auch dazu gezwungen. Die Zeiten, zu denen man aus Deutschland exportieren konnte, sind vorüber. Wenn meine Firma ihre Medikamente beispielsweise in Indonesien verkaufen will, muß sie dort produzieren und exportieren, sonst erhalten die Medikamente keine Zulassung. Wenn man dort keine Weltmarktanteile verlieren will, muß man dieser Erpressung nachgeben.

Helmut Schmidt:
Dasselbe gilt für China.

Edzard Reuter:
Im Zusammenhang mit den Finanzmärkten stehen wir vor der Frage, ob es die Möglichkeit einer internationalen Reglementierung gibt. Jeder, der das bei uns ausspricht, wird sofort in die Ecke des Anti-Marktwirtschaftlers gestellt. Das von Herrn Schmidt benutzte Bild von der Maschinenpistole ist richtig. Zwar stimmt, daß im Endeffekt der Markt alles regeln wird, aber in der Zeit zuvor kann es als Auswirkung einer totalen Freiheit zu Eruptionen unvorstellbaren Ausmaßes kommen, auch bei uns in Europa.

Das Nachdenken über Auswege ist unausweichlich; ich wiederhole die Stichworte neues Bretton-Woods-

System und Tobin-Steuer. Diese Themen gehören auf die politische Tagesordnung; man darf sie nicht interessierten Kreisen im stillen Kämmerlein überlassen. Das ist viel zu gefährlich, weil nämlich wirklich mit Maschinenpistolen hantiert wird.

Egon Bahr:
Wir haben bereits früher erklärt: Wir brauchen globale Regeln, um den Primat der Politik wiederherzustellen. Herr Schmidt hat darauf hingewiesen, daß wir keine globale Bankenaufsicht, keine globale Börsenaufsicht haben. Warum ist das so? Wird es nicht verlangt? Verhindert es jemand? Welches sind die Interessen der Politik, daß dies nicht geschieht?

Helmut Schmidt:
Ich glaube nicht, daß es wirklich an Interessen liegt; vielleicht liegt es ein wenig im kurzfristigen amerikanischen Interesse, wie die Amerikaner es selbst interpretieren, manches nicht zu regeln. Hauptsächlich liegt die derzeitige Situation darin begründet, daß das Problem überhaupt nicht verstanden ist.

Wolfgang Thierse:
Herr Reuter, die Atmosphäre bezüglich Ihrer Frage hat sich in den letzten Monaten deutlich verändert. Vor zwei Jahren war der Ruf nach internationalen Regulierungen noch des Teufels. Seit der Ostasienkrise hat sich das deutlich verändert.

Das Problem besteht nicht nur in der Schwäche der politischen Akteure, sondern auch in der Existenz einer sehr großen Diskrepanz zwischen der Reichweite wirtschaftlicher Entscheidungen und jener politischer Entscheidungen. Wir brauchen Institutionen zur Durchsetzung von Regeln. Auf die Weltgemeinschaft wird man so schnell nicht setzen können. Deshalb ist es erforderlich, in Europa derartige Institutionen und Regeln zu schaffen. Als Stichworte nenne ich hier die Europäische Zentralbank und eine gemeinsame Steuer-, Zins- und Währungspolitik. Von dieser Basis ausgehend müssen wir den Versuch starten, gemeinsam mit den Amerikanern zu Maßnahmen zu gelangen.

Es war die Rede von dem Wunsch nach festen Wechselkursen und der Realisierungschance durch den Euro. Welche Schritte sind dazu erforderlich?

Helmut Schmidt:
Es ist zu früh, solche Rezepte auf den Tisch zu legen, denn den Euro gibt es noch gar nicht. Nach der Einführung des Euro wird es zwei bis drei Jahre dauern, bis auch Herr Stoiber begreift, daß er gut funktioniert. Das Umschichten der weltweiten Währungsreserven, die heute zur Hälfte in Dollar und zu etwa 16 Prozent in D-Mark gehalten werden, in Euro wird sich bemerkbar machen. Amerika wird davon empfindlich getroffen werden, und dann wird sich die Bereitschaft zu Gesprächen erhöhen.

Wenn man gar nichts tut, wird gleichwohl der Euro eines Tages eine Weltwährung von ähnlichem Gewicht wie der Dollar sein. Das hinter dem Euro stehende Wirtschaftspotential wird größer sein als das der USA. Allein wegen des enormen Gegengewichts des Euro in bezug auf den Dollar wird sich die Volatilität des Wechselkurses zwischen Dollar und Euro wesentlich abflachen. Der Dollar ist heute eine Währung ohne Gegengewicht.

Friedrich Dieckmann:
Die Weltansicht des Kommunistischen Manifests erweist sich offenbar als providentiell, nicht in bezug auf die Therapie, aber im Hinblick auf die Diagnose, also die Existenz eines schrankenlos herrschenden Weltmarkts.

Helmut Schmidt:
Marx hat die finanzpolitische Entwicklung nicht vorhergesehen, sondern bezog sich auf Aspekte in der Industrieentwicklung. Der finanzpolitische Marxismus kam erst ein gutes halbes Jahrhundert später auf unter Rudolf Hilferding.

Friedrich Dieckmann:
Ich meine die erst jetzt mit phantastisch erweiterten technischen Mitteln Wirklichkeit werdende Erscheinung eines Weltmarkts, der alle nationalen und auch alle kulturellen Schranken niederreißt. Zugleich verschärft sich das, was die einen soziale Differenzierung und die andern, minder vornehm, Klassengegensätze nennen, also die Kluft zwischen Arm und Reich, Luxus und Verelendung. Nicht nur im südlichen Amerika ist der Prozeß weit fortgeschritten und als Zukunftsvision für Europa keineswegs abwegig. Die Globalisierung betrifft nicht nur die Sphäre der Macht, sondern ebenso die der Ohnmacht.

Was die Diskrepanz zwischen einem fiktional anschwellenden Geldmarkt und dem Markt für Waren und Dienstleistungen angeht, so gibt es offenbar nur zwei Möglichkeiten: entweder nimmt das Mißverhältnis zu und führt irgendwann zum Platzen der Blase, oder es gelingt, Instrumente zu schaffen, die ebendies verhindern.

Wenn wir nach solchen Instrumenten Ausschau halten, dann reden wir im Grunde über die Umrisse eines künftigen Weltstaats, und die Frage ist, ob er evolutionär zustande kommt oder ob der Weg dorthin mit Katastrophen gepflastert ist.

Einerseits ist die Marktglobalisierung die Folge eines galoppierenden technisch-wissenschaftlichen Fortschritts, andererseits ist sie von seiten vieler einzelner Staaten das Ergebnis gesetzgeberischer Maßnahmen und politischer Entscheidungen, die oft auf undurchsichtige Weise zustande kommen, wie insgeheim und ohne Kenntnis und Berücksichtigung der Folgen. Wer weiß schon etwas über die Tragweite dessen, was sich hinter den drei Buchstaben MAI verbirgt! Sie bedeuten *multilateral agreement of investment* und bezeichnen ein globales Investitionsabkommen, das im April unterzeichnet werden soll, ohne daß – jedenfalls in Deutschland – auch nur ansatzweise eine Diskussion stattgefunden hätte. MAI behandelt Kulturerzeugnisse wie jede andere Ware und gewährt transkontinentalen Zugang zu nationalen bzw. gesamteuropäischen Kulturschutz- und Fördermaßnahmen, mit großen Konsequenzen etwa für die Filmproduktion. Aus Frankreich ergeht ein Alarmruf, der auf die Kulturnachteile verweist, die dieses vor der Tür stehende Abkommen mit sich bringt; Förderungen, die zur Stärkung regionaler, nationaler oder westeuropäischer Kräfte gedacht sind, würden auf einmal amerikanischen Konzernen zugute kommen, die unter ganz andern Bedingungen arbeiten. Dergleichen ist nur ein Beispiel dafür, wie Globalisierung nicht nur ein technologisches, sondern ebenso ein politisches Erzeugnis ist.

Richard von Weizsäcker:
Was ist an dem Abkommen neu?

Friedrich Dieckmann:
Daß etwa amerikanische Firmen sich europäische Förderungen und Schutzrechte zunutze machen, die in den USA überhaupt keine Entsprechung haben.

Edzard Reuter:
Das Thema ist Gegenstand insbesondere eines massiven Streits zwischen den Franzosen und den Amerikanern.

Richard von Weizsäcker:
Das ist ein kultureller Abwehrkampf gegen die amerikanische Software, aber nicht ein politisch-rechtlicher Streit.

Wolfgang Thierse:
Der Regierung liegt ein solches Papier offensichtlich vor, aber im Parlament ist es noch nicht behandelt worden.

Friedrich Dieckmann:
Es wird dem Parlament gar nicht vorgelegt werden, da es der Wirtschaftsminister bereits Ende April unterschreiben will.

Wolf Lepenies:
Herr Schmidt, bei Ihren zehn Punkten habe ich mich gefragt, ob man nicht eine Kategorie hinzufügen müßte, nämlich daß wir über zunehmend mehr Information verfügen, aber nicht über zunehmend mehr Wissen. Wir wissen in vielen Bereichen nicht, welche Zielsetzung wir

haben und wie wir, wenn das Ziel vorhanden ist, vorgehen sollen.

Mir ist nicht bekannt, daß es sozusagen das große Lösungsmodell für das Problem der immer stärkeren Abnahme der herkömmlichen Erwerbsarbeit gibt. Es gibt einiges an Überlegungen in dieser Richtung, aber nichts, von dem man sagen könnte, das sei die Lösung, jetzt komme es darauf an, diese Lösung durchzusetzen.

Die Metapher mit dem Waffenschein, Herr Schmidt, würde nur dann Sinn machen, wenn wir uns darauf einigen könnten, was sozusagen eine waidgerechte Jagd ist. In Ihrer Metapher wird nur ein Privileg zum Wildern vergeben: Bestimmte Personen dürfen so weitermachen wie bisher, die anderen nicht mehr. Welches sind die Prinzipien, nach denen in Zukunft auf den Finanzmärkten gehandelt werden soll?

Volker Hassemer:
Man muß die Diskussion nicht über die Frage führen, wer bestimmte Freiheiten nutzen darf, sondern darüber, wie die Parameter der Freiheitsnutzung aussehen sollen. Die Bemühungen in Frankreich sind nichts anderes als der Versuch, den freien Fluß kultureller Güter national abschotten zu können.

Richard von Weizsäcker:
Die Franzosen wollen die französische Kultur globalisieren.

Volker Hassemer:
Die Franzosen lassen bestimmte Kulturen, die nicht französisch sind, nicht nach Frankreich.

Richard von Weizsäcker:
In den Schlußverhandlungen der Uruguay-Runde haben die Franzosen gesagt: Wenn die amerikanische Software nicht abgewehrt wird, werden wir nicht mehr mitmachen.

Volker Hassemer:
Es ist ein Sich-Zurückziehen auf die Ergebnisse nationaler Abschottung, nicht eine Diskussion über ein Zuviel an kultureller Gegenseitigkeit oder über eine Unterminierung. Auch da wird keine inhaltliche Diskussion geführt, sondern die Franzosen wollen das Recht haben, in gewisser Weise die Grenzen abzuschotten.

Richard von Weizsäcker:
Die Franzosen haben ein vollkommen anderes Kulturverständnis als wir. Das ist ihre große Stärke.

Volker Hassemer:
Es geht den Franzosen darum, daß bestimmte Einflüsse, die für die Franzosen im Augenblick von Amerika kommen, begrenzt werden. Ebenso wie die Diskussion über die Ausnutzung der Freiheit kann auch die Diskussion über die Regulierung von Freiheit nur gemeinsam geführt werden.

Herr Mestmäcker, Sie haben gefragt: Soll man Weltaufsichten wollen? Im Grunde läuft alles auf eine Entwicklung hinaus, die mindestens die Diskussion über diese Themen eröffnet. Sie liefern im Grunde genommen die Begründung dafür, indem Sie sehr stark auf die teilweise Regelungsmacht dieses Europas setzen. Das ist nichts anderes als ein Schritt in diese Richtung.

Ernst-Joachim Mestmäcker:
In unserer Tradition ist die Befugnis, Hoheitsakte zu vollziehen, Sache des Nationalstaats. Das ist zunächst noch kein Nationalismus, sondern demokratische Tradition. Nur die demokratisch legitimierte Hoheitsgewalt hat Legitimität.

Wenn wir über den Weltstaat sprechen, müssen wir mindestens auch über die Völker sprechen, die in der Lage sind, diese Art von Legitimation zur Verfügung zu stellen. Insofern basiert die bisherige europäische Entwicklung – ich spreche jetzt nicht über die Überregulierung, die es auch gegeben hat –, basiert der Mechanismus, mit dem man zu etwas ähnlichem wie einer Zwangsverwaltung in Europa kommt, auf dem scheinbar einfachen, in Wirklichkeit ungeheuer anspruchsvollen Prinzip, daß die nationalen Gerichte das europäische Recht anwenden und damit die Durchsetzung europäischen Rechts national gewährleistet wird. Gemäß der europäischen Tradition sind es die Regierungen gewohnt, das Prinzip der Gewaltenteilung zu berücksichtigen und nicht gegen die Gerichte im eigenen Land vorzugehen. Einen derartigen Fall hat es jedenfalls bisher in der Gemeinschaftsentwicklung noch nicht gegeben.

Das impliziert noch keine eigene Zwangsgewalt der Europäischen Union, sondern es geht um die aus den Mitgliedstaaten entnommene Legitimation. Wenn wir also über die Entwicklung zu supranationalen oder gar weltweiten Autoritäten sprechen, müssen wir wohl mit berücksichtigen, wie wir die hier zu begründenden Institutionen, die mit Zwangsgewalt ausgestattet sein sollen, zu legitimieren in der Lage sein werden.

Ich sehe die wahrscheinlichere Möglichkeit darin,

daß wir nur in regional begrenzten Bereichen in der Lage sind, so etwas wie ein gemeinsames öffentliches Interesse unter den betroffenen Völkern herzustellen. Dies ist eine Voraussetzung, um solche Institutionen, die grenzüberschreitend wirken, zu schaffen. Sie müssen eine entsprechende Größenordnung aufweisen, damit ihre Außenwirkung etwa im Verhältnis zwischen Europa und Amerika oder zwischen Europa und Asien ausreichend ist, um international die Entwicklung zu beeinflussen; ich rede noch nicht davon, sie zu steuern.

Die Idee des Weltstaats ist mit allen vorhersehbaren Defiziten übergroßer Organisationen verbunden, die wir aus anderen Zusammenhängen sehr genau kennen. Kant hat schon vor 200 Jahren erklärt, warum es zwar wünschenswert ist, sich einen Weltstaat auf der Grundlage des Rechtsprinzips vorzustellen, eine Realisierung aber praktisch so gut wie ausgeschlossen ist.

Helmut Schmidt:
Herr Vita hat völlig recht: Der Lebensstandard in den sich jetzt industrialisierenden und in die Weltwirtschaft integrierenden Staaten wird schnell wachsen, unserer hingegen nur noch langsam, wenn überhaupt. Relativ werden wir benachteiligt, die erwähnten Länder dagegen bevorteilt sein. Das ist unausweichlich.

Die westeuropäische Arbeitslosigkeit ist ein Krankheitssyndrom aus mehreren Kategorien von Ursachen. Eine der Kategorien ist die Globalisierung, eine weitere der Schlendrian unserer eigenen Wirtschafts-, Sozial-, Steuer- und Finanzpolitik. Damit meine ich die Überregulierung bis ins Detail. In Deutschland gelten 84 000 Paragraphen Bundesrecht. Wenn man die Kultusministerkonferenz und gleichzeitig die Befugnisse des Bundes zur Rahmengesetzgebung abschaffte, könnte man vielleicht die Hoffnung haben, leistungsfähige Universitäten zu bekommen, die in Konkurrenz zueinander träten.

Die Deutschen haben es außerdem mit der Notwendigkeit zu tun, 15 Millionen Menschen, die in den neuen Bundesländern leben, in ihre Wirtschaftsgesellschaft zu integrieren. Dabei sind kardinale Fehler gemacht worden, die nicht nur zu tiefer Enttäuschung und Unlust geführt haben, sondern auch mit jährlichen Nettotransfers von 143 Milliarden DM aus den alten Bundesländern bezahlt werden. Leider dienen nur 10 Prozent dieses Betrags investiven Zwecken, der Rest geht in den Konsum. Mit diesem Gewicht haben wir uns unnötigerweise durch die Art der wirtschaftlichen Vereinigung zusätzlich belastet. Aus dieser Situation können wir nur langsam herauswachsen.

Europa wird sich bescheiden müssen, was den zukünftigen Zuwachs an Lebensstandard angeht. Wir haben heute in Deutschland im Durchschnitt einen realen Nettolohn, der ungefähr dem Stand von 1981/82 entspricht. Herr Vita hat mit Recht gesagt: Das schadet nicht, uns geht es ja gut. Das Schlimme ist nur, daß es auf Millionen von Menschen nicht akzeptabel wirkt, weil auf der einen Seite sechs Millionen Menschen von der Arbeit ausgeschlossen sind, auf der anderen Seite einige offensichtlich den großen Reibach machen.

Bezüglich einer Weltregierung bin ich sehr skeptisch. Ihr fehlt jede Legitimation. Käme sie zustande, wäre es eine Weltregierung von Ministerialdirektoren. Ich bin mit Herrn Grimm der Meinung, daß die Erweiterung des Handlungsspielraums der politischen Akteure bestenfalls in der Herstellung einer funktionstüchtigen Europäischen Union liegt. Das kann uns weitere 25 Jahre kosten; fast 50 Jahre sind bereits vergangen seit Inkrafttreten des Schuman-Plans.

Was die Erweiterung des Handlungsrahmens der europäischen Politik angeht, gibt es große Probleme. Dieses Europa hat keine Legitimität, niemand der Handelnden ist gewählt. Diese Bürokraten sind ohne jedwede Aufsicht. Das Schlimmste sind 19 Ministerräte, von denen keiner in den Römischen Verträgen vorgesehen ist. Auch die Kultusministerkonferenz ist im Grundgesetz nicht vorgesehen. Das ist angemaßte Gewalt, von niemandem kontrolliert. Das Europäische Parlament ist ein Witz und kümmert sich um so gut wie nichts. Die beschränkten Befugnisse, die es hat, werden nicht wirksam ausgeübt, geschweige denn, daß es sozusagen über den Zaun frißt.

Sie können die Metapher »Waffenschein« ersetzen durch die Metapher »Apothekenzulassung«. Analog der Regelung, daß nur ein approbierter Apotheker, der gewisse Bedingungen erfüllt haben muß, Medikamente verkaufen darf, würde ich die Eigenkapitalquote aller Geldhäuser und Investmentgesellschaften, die mit Geld oder Kapital handeln, sehr erhöhen. Außerdem würde ich die Transparenz bei solchen Häusern sehr verstärken. Derzeit können deutsche Aktiengesellschaften in ihrer Bilanz machen, was sie wollen. Bei amerikanischen Aktiengesellschaften ist die Transparenz schon sehr viel höher.

Was die sonstige Weltaufsicht, die ich angedeutet habe, angeht, bin ich sehr skeptisch. Ich halte auch von der WTO nichts. Sie ist ja für diese Art der Liberalisierung des Welthandels mit verantwortlich.

Hinzu kommt, daß die Amerikaner ihrem kurzfristigen Egoismus folgen. Ich habe mir während der letzten 15 Jahre jedes Jahr einmal den Vortrag des jeweiligen amerikanischen Handelsbeauftragten angehört. Im eigenen Land wird geredet, als komme man gerade von einem Kriegsschauplatz, auf dem man ein Gefecht gewonnen hat. Das wird ein bißchen verziert mit Menschenrechtspropaganda.

Auch in 20 Jahren wird es in China keine Demokratie geben, die vom Westen als solche anerkannt wird. Das wäre entgegen 4 000 Jahren konfuzianischer Geschichte. Man muß Amerikaner sein, um sich vorstellen zu können, daß aus China eine Demokratie westlichen Vorbilds wird. Ähnliches gilt für Indonesien und Malaysia. Man muß Amerikaner sein, um Japan für eine Demokratie zu halten. Oder man muß Rechtsgelehrter sein, der die geschriebene Verfassung mit der Wirklichkeit verwechselt.

Für große Weltbehörden fehlt die Legitimation. Sie werden zu unseren Lebzeiten nicht mehr entstehen, auch nicht zu Zeiten der nach uns kommenden Generation. Die Idee der Weltregierung würde ich mit dem Vermerk versehen: Wiedervorlage im Jahr 2300.

Friedrich Dieckmann:

Aber Sie fordern sie selbst, indem Sie den »Waffenschein« oder die »Apothekenzulassung« als dringende Anforderung an die Gegenwart formulieren.

Helmut Schmidt:

Das wäre die Fortsetzung einer Tradition, die es auf einigen Feldern immerhin schon gibt. Als Beispiel nenne ich den internationalen Luftverkehr. Er ist international reguliert, weil es anders nicht geht. Dasselbe gilt für die Flugsicherung. Solche internationalen Regeln sind nichts Neues; denn schon im 19. Jahrhundert hat man weltweit gültige Regeln für die Seeschiffahrt festgelegt. Auch das System von Bretton Woods hat funktioniert. Kein größerer Staat der Welt konnte seine Währung auf- oder abwerten, es sei denn, im Einvernehmen mit allen seinen Partnern im Weltwährungsfonds. Schwankende Wechselkurse sind eine Erfindung dieses Jahrhunderts. Feste Wechselkurse würden einen Teil der Währungsspekulationen in sich zusammenfallen lassen. Internationale Börsenregeln wären ebenfalls ein Fortschritt.

Lassen Sie mich zurückkommen auf Ostdeutschland: Die dortige Wirtschaft kommt zu meinen Lebzeiten nicht mehr auf den Stand Westdeutschlands. Das ist ganz ausgeschlossen.

Richard von Weizsäcker:
Überall gibt es die bekannten zwei Geschwindigkeiten: auf der einen Seite die Wirtschaft und auf der anderen Seite die politische Führung, mehr oder weniger demokratisch legitimiert. Die Wirtschaft arbeitet schneller, ist auf keine Mehrheiten angewiesen, und wer gut ist, wird belohnt, wer schlecht ist, muß aufgeben. Neue Strukturen zu finden dauert länger, ist aber doch nicht aussichtslos. Die Gerichtsbarkeit macht, weltweit gesprochen, nur sehr kleine Fortschritte, aber immerhin geht es voran. Das Völkerrecht macht Fortschritte: Noch vor 20 Jahren war der Grundsatz der Nichteinmischung in die inneren Angelegenheiten einer anderen Nation geheiligte Praxis im Völkerrecht; das ändert sich in kleinen

Schritten. Natürlich haben wir die Gefahren für die baltischen Republiken nicht beseitigt, und wir haben den Tschetschenien-Krieg nicht zu verhindern gewußt, aber wir machen Fortschritte in dieser Richtung, die vor 20 Jahren noch unvorstellbar gewesen wären.

Warum wird die WTO angegriffen? Sie ist ein Instrument, um der wirtschaftlich vorangelaufenen Entwicklung nachträglich Struktur zu verleihen.

Helmut Schmidt:
Sie hat sie zum großen Teil herbeigeführt. Die Globalisierung des Güterverkehrs wäre ohne das GATT so nicht zustande gekommen.

Richard von Weizsäcker:
Die WTO läuft der wirtschaftlichen Entwicklung hinterher und hat sie nicht vorweggenommen. Sie hat sie auch nicht ihrerseits geschaffen.

Helmut Schmidt:
Ohne das GATT wäre der Welthandel nicht so explodiert.

Richard von Weizsäcker:
Eine wichtige Frage ist doch auch, inwieweit sich die globalisierte Wirtschaft schlechter benehmen würde ohne GATT und ohne WTO. Wenn wir von unserem Lebensstandard etwas abschmelzen müssen und andere langsame Fortschritte machen, die globalisierende Wirtschaft in ihren Auswirkungen also eine nicht uninteressante Variante unserer Entwicklung im Nord-Süd-Verhältnis ist, ist die Institution der WTO von außerordentlicher Wichtigkeit, gerade diese Entwicklung zu fördern.

Es dauert schon in Europa sehr lange, entsprechende staatliche Strukturen zu finden, erst recht demokratisch legitimierte Strukturen. Global gesehen würde das noch viel länger dauern. In diesem Zusammenhang ist die WTO meines Erachtens eher positiv als negativ zu bewerten.

Dieter Grimm:
Es zeichnet sich ab, daß man das Globalisierungsproblem nicht gleich global lösen kann, sondern daß man erst kleine Schritte unternehmen muß. Es ist die Frage zu stellen: Welche Bedingungen müssen gegeben sein, damit bereichsweise etwas erreicht werden kann? Wenn man weiß, welche Bedingungen gegeben sein müssen, kann man fragen: Wo liegen sie vor? Wo könnten sie geschaffen werden? Herr Schmidt hat den Luftverkehr als Beispiel für eine gelungene Regulierung im Weltmaßstab erwähnt. Wenn ich das extrapoliere, scheinen mir zwei Voraussetzungen nötig: zum einen ein gemeinsames Interesse – hier daran, daß Flugzeuge sicher sind. Schließlich möchte niemand vom Himmel fallen. Ein solches gemeinsames Interesse wird bei vielen Problemen nicht vorausgesetzt werden können, weil es immer Personen gibt, die aus schlechten Verhältnissen und nicht vorliegender Regulierung Profit ziehen. Die zweite Voraussetzung ist die Sanktionsmöglichkeit. Man hat im Luftverkehr eine solche Möglichkeit: Man kann auf nationaler Ebene diejenigen, die den Sicherheitsstandards nicht genügen, nicht landen lassen. Man kann umgekehrt diejenigen Landeplätze, die den Standards nicht genügen, nicht mehr anfliegen. Dort, wo die beiden Bedingungen erfüllt sind, müßte man ansetzen.

Richard von Weizsäcker:
Auch die WTO vertritt gemeinsame Interessen und verfügt über Sanktionsmöglichkeiten.

Dieter Grimm:
Ich weiß nicht, wie universal die Interessen sind. Wahrscheinlich reicht es nicht aus, daß es partiell übereinstimmende Interessen gibt, sondern es müßte ein weitgehend universalisiertes Interesse sein.

Volker Hassemer:
Das ist ja noch nicht einmal in einem Nationalstaat der Fall!

Dieter Grimm:
Richtig. Wenn Sie akzeptieren, daß der Flugverkehr ein Beispiel für das universelle Interesse ist, sicher zu reisen, gibt es doch wohl solche Ansatzpunkte, zumal dann, wenn man auch noch die Möglichkeit hat, diejenigen, die von der Unterschreitung dieser Standards profitieren, zu sanktionieren.

Helmut Schmidt:
Die Sicherheit im Luftverkehr ist deswegen so hoch, weil ein Flugzeugabsturz mit vielen Opfern ein ins Auge fallendes Ereignis ist. Die dümmsten Politiker begreifen, daß das gefährlich ist. Aber daß die gegenwärtige Situation an den Finanzmärkten gefährlich ist, begreifen nicht einmal die klügeren Politiker.

Volker Hassemer:

Herr Schmidt, Sie haben die Regelungswut der Deutschen angeprangert. In der Vergangenheit konnten wir unsere Probleme eher im nationalen Rahmen organisieren. Jetzt sind wir in der Lage, über bestimmte Grenzen hinauszugehen und eine Kulturgemeinschaft wie Europa auf denselben Weg zu führen.

Nachdem wir bemerkt haben, daß nicht die Regelungskompetenz, aber die Handlungsfähigkeit weit über die nationalen und europäischen Grenzen hinausgeht, kann die Weltgesellschaft als Ziel nicht bestritten werden, kann nicht geleugnet werden, daß es erforderlich ist, diese auf nationaler oder europäischer Ebene gewonnenen Erfahrungen in den Raum zu transferieren, innerhalb dessen heutzutage gehandelt wird: in den globalen Bereich. Unbestritten ist, daß dies um so schwieriger ist, je größer der Raum ist. Es kann nicht bestritten werden, daß dem globalen Handlungsrahmen eine globale Ordnungsstruktur entsprechen muß.

Helmut Schmidt:

Ich will dem nicht widersprechen, sondern nur sagen: Wiedervorlage in 100 Jahren! Die Welt ist so nicht, daß die Politiker das früher hinbekommen.

Volker Hassemer:

Europa ist auch nicht durch Wiedervorlage entstanden.

Helmut Schmidt:

Es gibt auch Rückschritte. Wir sind von dem Jahrtausende alten System fester Wechselkurse abgegangen, und nun haben wir mit den Folgen zu kämpfen.

Volker Hassemer:
Auch nationale Regierungen machen Fehler; das haben wir ja des öfteren von Ihnen gehört, Herr Schmidt.

Helmut Schmidt:
Der Unterschied zwischen uns besteht nur darin, daß Sie Optimist sind und ich Realist.

Richard von Weizsäcker:
Lassen Sie mich das Beispiel Korea anführen. Dieses Land mit einer an sich sehr guten Wirtschaft ist auch von der Ost- und Südostasienkrise betroffen. Die Erkenntnis wächst, daß etwas dagegen unternommen werden muß, daß fünf große Konzerne dieses Land beherrschen, verschachtelt und ohne Transparenz. Innerhalb dieser Konzerne können Kredite hin- und hergeschoben werden, ohne daß es eine vernünftige Kontrolle gibt. Mit Transparenz und höheren Eigenkapitalquoten wird man hier eine Remedur schaffen müssen.

Ich finde, die Südostasienkrise ist – weltgeschichtlich gesprochen – eine kleinere Katastrophe, die uns lehren kann, wie wir große Katastrophen vermeiden können. Die globale Forderung nach Schaffung von Transparenz und höherem Eigenkapital in Korea tut uns allen gut.

Ist das nicht auch eine realistische und nicht nur optimistische Deutung?

Helmut Schmidt:
Die koreanische Krise wird innerhalb der nächsten zwei, drei Jahre überwunden, und der strukturelle Umbau der koreanischen Wirtschaft kommt in Gang. Es kann so kommen wie nach der ersten mexikanischen Krise: Alle

haben aufgeatmet, der Weltwährungsfonds hat eine immense Arbeit geleistet, trotzdem kam ein paar Jahre später die zweite mexikanische Krise.

Wolf Lepenies:
Herr Schmidt, Sie meinten, das System von Bretton Woods könne man wiederherstellen, wenn man nur will. Hängt nicht die Veränderung dessen, was auf den Finanzmärkten vor sich geht, auch mit Entwicklungen der Medien zusammen, mit denen dieser Markt betrieben wird? Kann man heute wirklich sagen, wenn nur der politische Wille besteht, könnte dieses System wieder regulierend wirken? Ich kenne auch Äußerungen des Inhalts, daß durch den Selbstlauf der Technologie das Kontrollproblem erheblich schwieriger zu lösen ist als vor 20 oder 30 Jahren.

Egon Bahr:
Ein paar Gedanken zur Extrapolation. Ich glaube, es ist richtig, daß ein Kriterium das übereinstimmende Interesse der Beteiligten ist, die eine solche Regelung beschließen, unter Mißachtung der Tatsache, daß es andere gibt, die dieses Interesse noch nicht haben oder deren Interesse nicht berührt wird.

Wenn das so ist, dann könnten im Grunde fast alle Regierungen ein Interesse daran haben, daß dieses um die Welt laufende Volumen von Geld in irgendeiner Form kontrollierbar wird. Da es sich um Geld handelt, das zur sozialen Seite der Gesellschaft nichts beiträgt, erhebt sich die Frage: Wie kann man dieses Geld so einfangen, daß es zur gesellschaftlichen Stabilität beiträgt?

Das ist ganz sicher nicht möglich durch eine Besteuerung. Könnte man nicht die Börsen verpflichten, bei Bewegung des Geldes einen bestimmten Prozentsatz zunächst einmal festzuhalten?

Helmut Schmidt:
Dieser Vorschlag liegt seit einer Reihe von Jahren öffentlich vor und trägt den Namen Tobin-Steuer. Aber geschehen ist nichts.

Wolfgang Thierse:
Es fehlt die Institution, welche die Steuer eintreiben kann. Das ist das Problem bei diesem an sich faszinierenden Vorschlag.

Egon Bahr:
Dann muß man dem Vorschlag von Helmut Schmidt hinsichtlich der internationalen Börsenaufsicht nähertreten.

Giuseppe Vita:
In Italien gibt es diese Steuer.

Helmut Schmidt:
Vorausgesetzt, der Italiener betreibt dieses Geschäft auf italienischem Boden!

Giuseppe Vita:
Ich glaube, die meisten Aktientransfers werden innerhalb der jeweiligen Nation stattfinden.

Helmut Schmidt:
Noch!

Ernst-Joachim Mestmäcker:
Weil es keinen Grund gibt, sie im Ausland durchzuführen.

Giuseppe Vita:
Haben wir in der Geschichte der Menschheit jemals soviel Wohlstand und soviel Demokratie gehabt wie heute? Ich glaube nicht. Wir haben es sehr teuer mit Nationalsozialismus, Faschismus und Diktatur bezahlt, aber wir dürfen auch nicht vergessen, daß in Deutschland, Italien oder Spanien die Demokratie eine relativ neue Entwicklung ist, noch nicht einmal 50 Jahre alt.

Vielleicht brauchen die Völker der Welt erst schlechte Erfahrungen, sozusagen eine Impfung, um dann nach der Demokratie zu schreien.

Ist die Einführung des Euro nicht ein erster Schritt in Richtung einer politischen Union? Deren Entstehung wird sehr viel länger dauern, aber ich sehe zu ihr keine Alternative.

Die Mittwochsgesellschaft vom 20. Mai 1998

Die Situation in den östlichen Ländern (I)

Friedrich Dieckmann:

Wie steht es im Osten? Erwarten Sie von mir keine umfassende Lagebeschreibung; ich will nur ein, zwei Momente herausheben, an denen sich Probleme und Ambivalenzen einer Gegend zeigen, die manche »die neuen Länder« nennen, als wäre die Bundesrepublik noch die alte.

Kommt man in die Kernzonen großer und kleiner Städte, sei es in Dresden, Leipzig oder Erfurt, sei es in Altenburg, Jüterbog oder Rheinsberg, so findet man Straßen und Plätze wie von Zauberhand berührt; sie zeigen sich in einer Weise repariert, die für den, der hier früher durch verwitternde Zonen ging, fast etwas Magisches hat. Als Hanns Eisler 1949 in die DDR kam, wurde er – sein Sohn, der österreichische Maler Georg Eisler, hat es mir vor Jahren erzählt – nach einiger Zeit von einem amerikanischen Freund gefragt, wie es denn dort sei. Die Antwort kam prompt: »Hier trügt alles, nur nicht der Schein!« Blickt man heute auf diesen faszinierenden Wiederaufbau einer lange Zeit dem Verfall preisgegebenen Kulturlandschaft, so erhebt sich die Frage: Trügt hier der Schein?

Fragt man nämlich die Bewohner der so verwandelten Städte, wie es dort geht und steht, so hört man: Es gibt 20 bis 25 Prozent registrierte und realiter etwa 40 Prozent Arbeitslosigkeit. Das Paradox liegt zutage: Früher gab es Vollbeschäftigung, und die Städte verfielen. Jetzt herrscht, nicht von der durchschnittlichen Lebenssituation der Bevölkerung, aber von der Erosion der ökonomischen Grundlagen her, wirtschaftliches Elend, und blühende Fassaden blicken uns an. Die mit Steuersubventionen in großer Zahl neuerrichteten Geschäftshäuser haben ein ästhetisches und technisches Niveau, von dem man früher nur träumen konnte, aber die Büroetagen stehen großenteils leer. Etwa das World Trade Center in Dresden, ein exquisiter Glasturm mit gläsern überwölbter Ladenstraße daneben – die Büroflächen im Innern sind kaum genutzt; wo die ästhetische Kompetenz des Welthandels unmittelbar in die Augen springt, steht es um dessen kommerzielles Engagement überaus fragwürdig. In Leipzig ist die Diskrepanz zwischen Planung und Wirklichkeit besonders kraß; schon vor fünf Jahren, als die neuen Büropaläste mit Milliardeninvestitionen steuerbegünstigt in die Höhe wuchsen, stellten manche die Frage, ob sie denn überhaupt gebraucht würden. In der »Leipziger Volkszeitung«, dem tranformierten Zentralorgan dieser Gegend, gab damals ein Kenner die tröstliche Antwort (und die Redaktion machte eine Schlagzeile daraus): »Soviel Geld kann sich nicht irren!«

Vor vier Jahren gab es im östlichen Deutschland bei Landtags- und Bundestagswahlen viel Schelte für die Nichtwähler, deren Prozentsatz weit höher als im deutschen Westen lag. Nun könnt ihr wählen, lautete der Vorwurf, und nun geht ihr nicht hin. Ich habe in diese Kritik nicht einstimmen können, auch aufgrund zahlreicher Gespräche mit Menschen, die einfach nicht wußten, wen oder was sie wählen sollten. Daß die Leute lieber gar nicht zur Wahl gingen, als ihren Unmut über ihre Lage durch die Stimmabgabe für eine radikale Partei zu bekunden, schien mir kein Zeichen der Abkehr von der Demokratie, sondern eher ein Zeichen abwartenden Zutrauens, daß die Probleme im gegebenen Rahmen behebbar seien, wenn auch nicht durch einen Austausch der Politiker. Die Leute gingen vor allem deshalb nicht zur Wahl, weil sie die Erfahrung gemacht hatten, daß die Macht des Staates und der ihn beherrschenden Parteien nicht so weit reicht, wie die Politiker gern behaupten; diese Wahlberechtigten hatten erfahren, daß die wirkliche Macht bei der Wirtschaft liegt, die in Wahlen nicht belangbar ist. Unter gezieltem westdeutschen Einfluß – Herr Frey, wissen wir, hat seine Millionen mit einer rechtsgerichteten Zeitung gemacht, die er Ende der fünfziger Jahren aus den Händen des CIA übernahm – hat diese Haltung sich unlängst bei der Sachsen-Anhalt-Wahl verändert, namentlich bei den Jungwählern; mit Recht ist das als ein Alarmsignal angesehen worden.

So besondere Züge die Lage in dieser östlichen Gegend aber auch trägt: es wäre ein Fehler, die dort aufgebrochenen Probleme für spezifisch östliche zu halten. Es sind, in verdichteter und zugespitzter Form, die Probleme des ganzen Landes, die hier sichtbar werden. Das gilt auch und gerade für die Situation der Jugend und das Gefühl der Aussichtslosigkeit, das viele junge Leute in einer Gesellschaft haben, die für viele erst keine Ausbildungsplätze und dann keine Arbeitsstellen hat. Der Raum Bitterfeld etwa, der sich seit 1990 ja buchstäblich in eine blühende Landschaft verwandelt hat: in dieser zu

DDR-Zeiten ebenso verdichteten wie verseuchten Industriezone ist die industrielle Produktion inzwischen weitgehend abgebaut worden, und weit mehr noch als die Produktion sind Arbeitsplätze verschwunden; der »Tagesspiegel« beschrieb diese Gegend unlängst als ein »soziales Tschernobyl«. Die Gefahr beschränkt sich aber nicht auf die Orte, an denen sie sich konzentriert; diese sind, wie gesagt, Indikatoren einer umfassenden Krise. Da die Macht der Politik immer geringer wird und die Jugend als Faktor in betriebswirtschaftliche Kalkulationen nicht eingeht, ist nicht abzusehen, wie hier wirksame Abhilfe geschaffen werden kann. Es muß aber Abhilfe geschaffen werden.

Im Blick auf die Lage im östlichen Deutschland hat man nicht nur die überkommene technisch-ökonomische Rückständigkeit der eingegliederten Gebiete in Anschlag zu bringen, sondern auch schwerwiegende Fehler bei ihrer ökonomischen Verheftung. Wie umfassend diese Fehler waren, hat mir im Juni 1997 ein Vortrag des Hamburger Ökonomie-Professors Dieter Läpple klargemacht, der, als ein Fachmann für Fragen der Regionalökonomie, sogar die Zerschlagung der DDR-Kombinate als einen folgenreichen Fehlgriff nachwies – jener Makrobetriebe, die wir als ineffiziente Industrieungetüme kannten; ich selbst habe im November 1989 in einer Resolution ihre Auflösung gefordert. Sie seien, so Läpple, eingreifend zu reformieren gewesen; die Vernichtung dieser Zentren technisch-wirtschaftlicher Kooperation auf vielen Ebenen und in einem weiten regionalen Bereich aber sei fehlerhaft und voreilig gewesen, eine Lücke hinterlassend, die später nicht mehr zu füllen war.

Die Stimme der Wissenschaft, gerade auch der auf

solche Transformationsprobleme spezialisierten westdeutschen Wissenschaft, ist in den Jahren 1990/91 mit Hartnäckigkeit überhört worden. Ökonomische Alternativen wurden verworfen, ehe sie ernsthaft geprüft worden waren; politische Gesichtspunkte, die sich bei näherem Hinsehen als machtpolitische herausstellten, wurden den Erfordernissen wirtschaftlicher Rationalität übergeordnet; dem DDR-Bürger kam diese Prioritätensetzung nicht ganz unbekannt vor. Die neue Planwirtschaft hatte, innerhalb eines andersartigen Systems, ähnliche Rationalitätsdefizite wie die alte, und eine Anzahl wirkungsvoller Großinvestitionen konnten die Fehler nicht wettmachen.

Wenn man bedenkt, welche enormen staatlichen Zuschüsse die einzelnen Konzerne und Konsortien für ihre Fabrikgründungen auf dem Gebiet der alten DDR in Anspruch nahmen und in wie geringem Maß diese sich auf den Arbeitsmarkt auswirkten, wird das Problem unmittelbar deutlich. Neue Arbeitsplätze in der Automobil- oder Chemieindustrie kosten heute zwischen einer halben und einer ganzen D-Mark-Million; sie sind so teuer, weil sie so effizient sind und so viele andere Arbeitsplätze erübrigen. Das ist eine allgemeine Erscheinung; was sie im östlichen Deutschland verschärft hat, ist das Fehlen einer vielgestalten regionalen Zulieferindustrie, die durch solche Superfabriken belebt werden könnte. Ebendiese Strukturen waren infolge der Top-down-Privatisierung so gut wie verschwunden; darum nehmen sich diese neugeschaffenen Modernitätsgiganten – ich benutze ein Wort von Dieter Läpple, der in Hamburg zusammen mit Alfred Grosser referierte – wie »Kathedralen in der Wüste« aus. Es sind hochproduktive Betriebe mit ganz ungenügender Anbindung an die Industrie ihres regionalen Umfelds.

Helmut Schmidt hat im Blick auf solche und andere Verhältnisse in der »Zeit« kürzlich von den irreparablen Fehlern des ökonomischen Vereinigungsprozesses gesprochen und den Schluß gezogen, daß die Transferleistungen des deutschen Westens auf eine nicht abzusehende Zeit in der jetzigen Höhe fortgesetzt werden müßten. Er hat vollkommen recht, aber diese Situation stößt im westlichen Deutschland auf eine geringer werdende Akzeptanz. Um so wichtiger ist es, solchen Stimmungen entgegenzutreten und sie der demagogischen Ausbeutung zu entziehen.

Zu den ökonomischen Fehlern kommen andersartige, auch noch in den letzten Jahren; manche davon sind symptomatisch für eine Fehlperspektive, die sich dem Berliner Schriftsteller Klaus Schlesinger 1990 in dem Ausruf einer älteren Dame verdichtete, die von Westen her erstmals wieder das Brandenburger Tor durchschritt und bewegt zu ihrer Freundin sagte: »Nun gehört das alles wieder uns!« Man nehme nur jenes vor vier Jahren, am Ende der Legislaturperiode, mit koalitionsübergreifender Mehrheit beschlossene Bundesgesetz über Entschädigungsleistungen an jene Adels- und Fürstenhäuser, die im Zuge der Bodenreform 1945 mit ihrem Landbesitz auch wertvolle Teile ihrer beweglichen Habe einbüßten, darunter Kunstschätze, die dann in Staats- oder Kommunalbesitz – in Volkseigentum, wie man damals sagte – übergingen. Die Entschädigung besteht nach dem Wortlaut jenes »Entschädigungs-Leistungs-Gesetzes« darin, daß die Nachfahren der damals Enteigneten alle Kunstgüter, die seit fünfzig Jahren rechtskräftig der öffentlichen Hand – wie man heute sagt – gehören, innerhalb einer bestimmten Frist zurückerhalten. Vieles davon hatte sich schon vor 1945 als Dauerleihgabe in der Obhut staatlicher Museen befunden oder war mit Staatsmitteln betreut worden, wie etwa die Sammlungen des Weimarer Goethe- und Schiller-Archivs.

Die Enteignung dieser nun als »bewegliche Sachen« firmierenden Kunstschätze war unter der Oberhoheit einer Besatzungsmacht erfolgt, die, wie in den West-Zonen, die Stelle des suspendierten Gesamtstaats vertrat. Die Überführung der Sammlungen in die öffentliche Hand geschah dann aufgrund von Verordnungen und Gesetzen der einzelnen Länder, in denen es seit den Landtagswahlen vom Herbst 1946 parlamentarisch gebildete Regierungen gab, genau wie in den drei Westzonen, wo es ja auch Enteignungen aufgrund von Länderverordnungen gegeben hat, die anzufechten niemand in den Sinn kommt; es würde mit Recht für absurd gehalten. Im neuen deutschen Osten geschieht es mit Bundesgesetzeskraft, und das Merkwürdige ist nicht nur der Vorgang, sondern auch seine Hinnahme. Jedenfalls habe ich nirgendwo das grundlegende Rechtsproblem reflektiert gefunden, das in dem Umstand liegt, daß hier nach einem halben Jahrhundert Bundesrecht über Landesrecht geht und beispielsweise die 1947 von dem Thüringischen Landtag per Gesetz beschlossene Gründung der staatlichen Stiftung Goethe- und Schiller-Archiv durch einen Rückgabebescheid an das Fürstenhaus Weimar-Eisenach gefährdet werden kann.

Solche Vorgänge haben paradigmatischen Charakter; sie sind Exempel einer Fehlhaltung, die nicht wahrhaben will, daß nach dem Krieg auf dem Gebiet der sowjetischen Besatzungszone, also im Machtbereich eines Staates und einer Armee, die ganz anders als die West-Alliierten vom Krieg getroffen und betroffen waren, gesellschaftliche Entwicklungen eingeleitet wurden, die sich in historische Realitäten verwandelt haben; man kann diese nicht nach einem halben Jahrhundert als Verfügungsmasse neuer politischer Konstellationen betrachten. Die Ideologen des Altbesitzes, die sich auf allen Ebenen regen, operieren mit Schlagworten wie »kommunistisch« und »Diktatur«; sie verkennen, daß die Kräfte, die hier nach dem Krieg einen harten Einschnitt in gesellschaftliche Besitzstände und Machtverhältnisse vollzogen, über die Legitimation der Opfer verfügten. Das gilt auch für die von der Militäradministration privilegierte Einheitspartei; Kommunisten und Sozialisten hatten von Anfang an einen besonders opferreichen Widerstand gegen die Hitler-Diktatur geführt. Daß nach einer nationalen und europäischen Katastrophe wie der des Weltkriegs die gesamtgesellschaftlichen Besitz-, also Machtverhältnisse faktisch unbeschadet bleiben, ist ein Phänomen, das dem westlichen Deutschland vorbehalten blieb; es hat sich zeitweise sogar darüber gewundert.

Die Enteignungen, die sich in den Ländern der Ostzone nach 1945 begaben, hatten den Charakter einer »Revolution von oben«, ganz ähnlich, auch in Ansehung des damit verbundenen Kulturverlusts, wie sie Joseph II. in den 1780er Jahren mit der Expropriation der riesigen Klostergüter im alten Österreich vollzogen hatte. Aber der Revolution von oben, auf dem Dekret-Wege, kam auch eine von unten entgegen, deren Träger die – anfangs noch getrennten – Arbeiterparteien waren. Es ist sehr schwer, im westlichen Deutschland Verständnis für den geschichtlichen Charakter dieser Vorgänge zu erwecken, die eine grundlegende Entwicklungsdifferenz vorgaben. Wenn man auf ihre Hintergründe verweist und dann vielleicht noch auf die große Zurückhaltung zu sprechen kommt, mit der etwa Ludwig XVIII. – nicht seine Brüder! – im postrevolutionären Frankreich entsprechende Verhältnisse behandelte, bekommt man meist zu hören, daß man es an Gefühl für die damals erlittene Familienschädigung fehlen lasse. Aus dem persönlichen Unrecht, das vielen widerfuhr, wird ein historisches Entschädigungsrecht und ein politischer Reversibilitätsanspruch abgeleitet, die, wie jedes Re-Sentiment, zu deutsch Rückgefühl, von der Zukunft weg und in die Irre führt.

Auf andere Weise und mit ganz andern Voraussetzungen trifft man solche Haltungen manchmal – man darf hier und andernorts niemals generalisieren – auch bei denen an, die in der DDR schwerwiegende Nachteile hinzunehmen hatten und nach ihrem Ende eine Haltung der Unversöhnlichkeit praktizierten, deren Paradoxie darin besteht, daß sie den alten Leidensdruck innerlich prolongieren und sich immer noch als Verfolgte und Zurückgesetzte empfinden. Ich habe dieses Syndrom einmal als *die Unfaßbarkeit des Sieges* bezeichnet und nicht verfehlt, darauf hinzuweisen, daß es den auf sehr andere Weise bedrohten und verfolgten kommunistischen und sozialistischen Widerstandskämpfern der Nazizeit nach 1945 vielfach ähnlich erging. Auch hier wirkte die erlittene Bedrohung und Schädigung als eine innerlich fortgesetzte politische Handlungsvoraussetzung: die Unfaßbarkeit des Sieges als psychische Voraussetzung dafür, ihn zu verspielen.

Eine besondere Variante solcher Fehlhaltungen war manchmal bei denen zu bemerken, die sich, als Mitglieder von FDJ und SED, in ihrer Jugend leidenschaftlich für den staatgewordenen Sozialismus engagiert hatten und dann als Enttäuscht-Opponierende Pressionen und Repressionen auf sich zogen, bis hin zur Ausbürgerung. Sie haben es zuweilen schwer, mit ihrem einstigen Engagement innnerlich fertig zu werden, und neigen dann zu projektiver Bewältigung. Dergleichen hat sich auch auf westdeutscher Seite begeben, bei manchen enragierten Anti-Liberalen innerhalb der 68er Bewegung, die sich Ende der achtziger Jahre dann gelegentlich in ebenso feurige Neoliberale verwandelten. Da war dann nicht eigentlich der Totalitätsanspruch, sondern nur dessen Richtung ausgetauscht worden.

So zeigt sich eine nicht nur widersprüchliche, sondern geradezu paradoxe Gemengelage in den Subjekten der deutschen Vereinigung selbst – psychisch-ideelle Komplikationen, in denen die Brüche und Umschwünge deutscher Geschichte widerhallen. Sie überlagern sich dem, was zu DDR-Zeiten »objektive Schwierigkeiten« hieß und nun wieder so heißen darf. Bei und in alledem sind wir »ein Volk«, das heißt, der Hang zur Pedanterie, zum Moralisieren als Ausdruck nicht von Sittlichkeit, sondern eher von Herzlosigkeit, auch Humorlosigkeit, der der lieben Deutschen immer wieder in die Quere kommt (sie erzeugen ihn in einer Mischung von Furchtsamkeit und Vollkommenheitssyndrom jeweils aus sich selbst) – diese manisch-depressive Anlage, der die mediale Ausbeutung im Nacken sitzt, überlagert zwar das

Faktum der nationalen Einheit, aber sie gefährdet ihn nicht wirklich. Ich habe mehr als einmal (und auch in lyrischer Form) darauf verwiesen, daß die deutsche Vereinigung nicht zuletzt eine Teilungsoperation war: die an einer Rückenlinie namens »die Mauer« zusammengewachsenen siamesischen Zwillinge wurden 1989 getrennt und konnten sich dergestalt erstmals in die Augen sehen. Sie erkannten bestürzt, wie ähnlich sie einander waren.

Wolfgang Thierse:
Das schöne Wort von der Unfaßbarkeit des Sieges verführt mich, eine Erinnerung an ein Gespräch mit Adam Michnik zu erzählen. Vor sechs, sieben Jahren unterhielten wir uns über den Umgang mit DDR-Unrecht. Die Polen hielten damals noch alle Akten verschlossen und sagten: Warum sollen wir uns damit beschäftigen? Als ich auf den Unterschied zu Deutschland hinwies, sagte er einen erstaunlichen Satz: »Wir haben doch gewonnen. Da können wir doch großzügig sein.« Daß dieses Grundgefühl fehlt, gewonnen zu haben und deswegen großzügig sein zu können, ist ein Teil des Problems.

In Ostdeutschland gibt es Erfolge. Die Städte und Straßen sehen besser aus, die Infrastruktur ist erheblich verbessert, es gibt bemerkenswerte Inseln des Wachstums und der Modernität in der Industrie. Auch die Landwirtschaft hat gegen alle Anfechtungen eine aussichtsreiche wirtschaftliche Perspektive. Für die meisten Rentner ist die Rente höher. So kann man eine ganze Reihe von wirklichen Erfolgen aufführen. Und man muß natürlich auch von der Leistungsbereitschaft, der Änderungsfähigkeit, der Geduld, dem Durchhaltewillen und dem Unternehmungsgeist der Ostdeutschen selber reden.

Erfolge ja. Aber eben auch Enttäuschungen und Mißerfolge. Die Arbeitslosigkeit in Ostdeutschland ist doppelt so hoch wie im Westen, das wirtschaftliche Wachstum ist im Westen wieder größer als im Osten – das heißt, der Abstand zwischen West und Ost nimmt wieder zu. Dabei ist doch die Herstellung gleichwertiger Lebensverhältnisse unser Grundgesetzauftrag.

Ob man diesen Zustand erreicht hat oder nicht, dafür gibt es ganz einfache Kriterien, so zum Beispiel das Volkseinkommen pro Kopf, die Produktivität, der Wert der Investitionen pro Kopf, der Industriebesatz, der Zustand der öffentlichen Infrastruktur, die Erwerbsquote auf dem ersten Arbeitsmarkt. Bezogen auf all dies liegt Ostdeutschland weit zurück.

Diese Ost-West-Verhältnisse kann man folgendermaßen darstellen: Die neuen Länder verfügen im Vergleich zu Gesamtdeutschland über ein Drittel der Fläche, ein Fünftel der Bevölkerung, ein Sechstel der Selbständigen; aber nur über ein knappes Zehntel des Sozialprodukts, nur über ein Zwanzigstel der Industrieproduktion, nur über ein Fünfundzwanzigstel der Forschungs- und Entwicklungsausgaben und nur über ein Fünfzigstel des Exports – dafür aber über ein Drittel der Pleiten und ein Drittel der Arbeitslosen.

Was folgert daraus?

Erstens. Die Transferleistungen werden noch viele Jahre in gleicher Höhe notwendig sein. Nichts ist wichtiger als Stabilität und Verläßlichkeit für den Aufbau Ost. Dies durchzuhalten angesichts zunehmender Verteilungskonflikte ist eine eminent politische Aufgabe. Und die Verteilungskonflikte werden sich verschärfen. Der Streit um die Agenda 2000 ist ja, kaum verborgen, auch ein Konflikt zwischen Ost und West. Wenn Bayern seine Förderquoten verteidigt, dann verteidigt es die gegen die ostdeutsche Region.

Zweitens. Nur ein Fünfundzwanzigstel der Forschungs- und Entwicklungsausgaben wird in Ostdeutschland getätigt. Nur 1,18 Industrieforscher kommen auf 1000 Einwohner in Ostdeutschland. Der EU-Durchschnitt beträgt 4,7. Ostdeutschland befindet sich damit auf dem Niveau Griechenlands und Portugals. In Westdeutschland beschäftigen sich pro Einwohner fast dreimal soviel Menschen in Unternehmen mit Forschung und Entwicklung, die meisten übrigens in Großunternehmen. Im Osten arbeiten etwa 85 Prozent der Forscher in kleinen und mittelständischen Betrieben. Das erklärt die Abhängigkeit Ostdeutschlands von Fördermitteln des Bundes und von Aufträgen aus dem Westen.

Antje Vollmer:
Das ist sehr mißverständlich. Forscher gehen dahin, wo Forschungsinstitute sind. Es wäre einmal interessant festzustellen, wieviele der Menschen, die in solchen Instituten arbeiten, aus Ostdeutschland kommen.

Wolfgang Thierse:
Von den ehemals in der industrienahen Forschung Tätigen sind etwa achtzig Prozent arbeitslos oder arbeiten in anderen Berufen.

Ich will auf folgendes hinaus: Je geringer die Investitionssumme für Forschung und Entwicklung ist, um so geringer ist auch die Innovationsquote. Ostdeutschland bleibt dadurch eben doch »verlängerte Werkbank«, wenn es nicht gelingt, es zu einem Innovationsstandort auszubauen. Deswegen muß auch die künftige Förderung Ost ihren eigenen Schwerpunkt bei Forschungs- und Entwicklungskapazitäten haben.

Wir müssen die Förderung viel stärker darauf konzentrieren, daß Netzwerke entstehen zwischen Universitäten, Fachhochschulen, industrienaher Forschung und Industrieunternehmen, kleinen und mittelständischen Unternehmen und Großunternehmen, weil diese Art vernünftiger volkswirtschaftlicher Struktur in Ostdeutschland noch nicht entstanden ist.

Ich brauche drittens nicht ausführlich darüber zu reden, in welchem Umfang noch Management- und Kapitalhilfen für die ostdeutsche Wirtschaft notwendig sind; das ist ein nach wie vor nicht unwichtiger Punkt. Auch was die Treuhandaufgaben angeht, gibt es noch eine Menge Nachsorgenotwendigkeiten, weil viele Unternehmen immer noch nicht über den Berg sind.

Neben vielen anderen Spaltungen, die ich in meinem Zahlenvergleich schon erwähnt habe, gibt es in Deutschland auch eine Vermögensspaltung zwischen Eigentümern (West) und Eigentumslosen (Ost). Es gibt – das ist ein Ergebnis vierzigjähriger Geschichte – so gut wie kein ostdeutsches Eigentum am Produktivvermögen, und auch sonst liegt die Vermögensbildung weit hinter der im Westen zurück. Deswegen brauchen wir auch dazu eine besondere politische Anstrengung. Vermögensbildung in breiten Schichten ist ohnehin eine der wichtigen Aufgaben. Sie muß in dieser Hinsicht ihren eigentlichen Schwerpunkt in Ostdeutschland finden.

Dies aber auch aus einem weiteren Grund, den ich

den eigentlichen wunden Punkt nenne: Der Versuch der Angleichung der Lebensverhältnisse über die Tarifpolitik hat seine problematischen Seiten. Die Bundesregierung erzeugte Erwartungen, auf die die Sozialpartner sich einstellen mußten.

Aber was ist erreicht worden? Tarifverträge sind in Ostdeutschland weithin eine Fiktion. Es gibt sie, aber sie werden nicht eingehalten. Man läßt sich lieber ausbeuten, um seinen Arbeitsplatz zu erhalten. Das ist die massenhafte Realität. Aber man kann – und deswegen nenne ich das den wunden Punkt – mit dieser Realität nicht offensiv umgehen.

Es gibt genügend Leute, die sagen, dies wäre in bestimmter Hinsicht ein Standortvorteil. Das stößt auf verständlichen Widerstand. Einem Menschen, bei dem das Lohnniveau etwa siebzig, das Preisniveau aber neunzig bis hundert Prozent des Westniveaus beträgt, kann man politisch nicht zumuten, dieses niedrigere Lohnniveau sogar als einen Vorteil anzusehen.

Es geht also darum, daß man für ein geringeres Einkommensniveau entschädigt wird durch die Aussicht auf stetige Verbesserung der anderen Lebensumstände, was ja auch eine Art von sozialer Angleichung wäre.

Innerhalb der Arbeitslosigkeit ist – aber das ist nur begrenzt eine spezifisch ostdeutsche Sache – die Jugendarbeitslosigkeit das dramatischste Problem. Deswegen muß sie im Zentrum jeder Anstrengung zur Überwindung der Arbeitslosigkeit stehen. Dabei meine ich nicht, daß Ausbildungsplätze für alle jungen Leute und eine Berufschance für jeden Berufsanfänger sofort dazu führen, daß das Demokratiebewußtsein zunimmt und die jungen Leute immun werden gegen Rechtsextremismus.

Leider ist die Situation in Ostdeutschland inzwischen viel schlimmer. Es gibt manifeste rechte Ideologien in den Köpfen eines Teils der Jugendlichen. Dies ist eben nicht mehr nur ein soziales Phänomen, sondern – schlimmer und schwerer zu bearbeiten – ein kulturelles Phänomen. Aber es ist eine Schlüsselfrage, erkennbar zu zeigen, daß innerhalb der ökonomischen und sozialen Politik, die wir in Deutschland machen, der Abbau der Jugendarbeitslosigkeit und die Schaffung verläßlicher Perspektiven für junge Leute im Zentrum steht.

Wenn ich es richtig sehe, gibt es – in Ostdeutschland wohl noch stärker als im Westen Deutschlands – tiefe Zweifel daran, daß die demokratischen Parteien in der Lage sind, die existentiellen Probleme wirklich zu lösen. Und es gibt Zweifel an jedweder Art von Versprechungen.

Ich erzähle es für die SPD: Wir haben vor unserem Wahlprogramm darüber gesprochen, ob wir in dieses Wahlprogramm so eine Verheißung hineinschreiben wollen, daß bis zum Jahr soundso wir die Arbeitslosigkeit um soundso viel Prozent verringern wollen. Wir haben uns entschieden, das nicht zu tun. Nach unserer Wahrnehmung werden seit Helmut Kohls nicht eingehaltenem Versprechen von der Halbierung der Arbeitslosigkeit bis zum Jahr 2000 solche Versprechen nicht mehr geglaubt.

Was zählt, ist der sichtbare persönliche und glaubwürdige Einsatz führender Politiker. Ich glaube, daß es eine solche Erwartungshaltung in Ostdeutschland gibt. Gerade weil die Menschen fast resignativ-aggresive Zweifel haben, braucht die wirtschaftliche Entwicklung Ostdeutschlands angesichts sich verschärfender Verteilungskonflikte eine starke emotionale Basis. Und diese emotionale Basis muß glaubwürdig personell verkörpert werden, durch Spitzenpolitiker, die glaubwürdig handeln. Eine tief verunsicherte ostdeutsche Bevölkerung schwankt zwischen der Bereitschaft, wieder neu zu glauben – und niemandem mehr glauben zu können.

Diskussion

Egon Bahr:

Ich habe in Zwickau, der Geburtsstätte des Trabi, einige relativ fröhliche Menschen gefunden, die mir gesagt haben: »Wir sind jetzt tausend und haben volle Auftragsbücher.« Vorher hatten dort zwölftausend Menschen gearbeitet. Die tausend sind zufrieden – die Frage nach den elftausend aber findet keine Antwort.

In Schmalkalden, einem herrlichen Städtchen, in dem man die Wunder der Modernität noch gar nicht sieht, stößt meine Frage, wovon die Menschen eigentlich leben, nur auf Achselzucken. Die Betriebe, die es dort gab, sind, von wenigen Handwerkern abgesehen, alle geschlossen. Auch da findet meine Frage nach der Perspektive für die Menschen, für die Jugendlichen, für die jungen Erwachsenen keine Antwort.

Die Unfähigkeit, begründete Hoffnung auf Änderung machen zu können, ist für mich ein Kernproblem.

Wolfgang Thierse hat einen Ansatz für eine Antwort gefunden. Das reduziert sich letztlich aber, wenn ich es richtig verstanden habe, auf die Umverteilung des fortzusetzenden finanziellen Transfers. Das ist angesichts dessen, daß man sonst fast nichts weiß, schon etwas, aber angesichts dessen, was eigentlich geschehen müßte, sehr wenig.

Daß es blühende Städte oder »Kathedralen in der Wüste« gibt, wundert mich überhaupt nicht: Irgendwo müssen die 170 Milliarden Mark pro Jahr ja zu sehen sein.

Ich habe bei meinen Besuchen aber auch eine fast irrationale Angst vor der Zukunft gefunden: die Angst, keine Arbeit mehr zu finden, und die Angst, die vorhandene zu verlieren. Das ist für eine Gruppe von Menschen, die zum Thema Arbeit überhaupt keine Sorgen gehabt haben, natürlich ein Kulturschock, der so tief geht, daß man daraus auch die Unfähigkeit zum Protest erklären kann.

In der Friedrich-Ebert-Stiftung wurde von den mit Ostdeutschland sehr vertrauten Mitarbeitern, die selbst aus dem Osten kommen, festgestellt, daß die Jugend nicht mehr ansprechbar ist, weil sie inzwischen ihre Lebensmitte in den rechten Kreisen gefunden hat. Dabei gibt es im Gefühl dieser Jugendlichen keinen Unterschied zwischen PDS, SPD und CDU – alles sind etablierte Parteien, und es lohnt sich nicht, von diesen etwas zu erwarten oder sich an sie zu wenden. Die jungen Menschen finden vielmehr ihr kulturelles Lebensumfeld, ihre Sozialisation in rechten Zirkeln. Es soll inzwischen sogar Ortschaften in Brandenburg geben mit dem Ortsschild »Dieser Ort ist ausländerfrei«.

Wenn das alles etwa der Realität entspricht, haben wir die potentielle Gefahr einer sozialen Explosion. Und wenn es so wäre, wie Friedrich Dieckmann sagt, daß die Entwicklung Ost zeitlich vorversetzt dem entspricht, was im Westen passieren könnte, gilt das dafür auch, obwohl ich einige Zweifel habe, weil die Ziffern ungleich und unvergleichbar sind. Wir haben es im Grunde zu tun mit einer potentiellen Spaltung unter sozialen Explosionen dieses ganzen Landes.

Wolf Lepenies:

Die Schilder, die es in Brandenburg gibt, stehen mittlerweile auch in Berliner Stadtteilen. Aus bestimmten Bereichen – und das gilt sowohl für Kreuzberg als auch für Prenzlau – gibt es sogar »Erfolgsmeldungen«, daß in bestimmten Straßen keine Ausländer mehr wohnen.

Im Blick auf die Statistik müßte genau geprüft werden, welche Disparitäten natürlich schlimm, aber nicht Ost-West-Disparitäten sind, beispielsweise das Stichwort »neue Armut«. Und beim Vergleich der Rentenniveaus muß man auch einiges gegen die vorgebrachte These sagen, sonst macht man sich unglaubwürdig. Das ändert nichts an den Problemen.

Das Thema ist aber auch für Deutschland nicht spezifisch. Wir leben in einer Welt wachsender Disparitäten. Über Frankreich wird ähnliches berichtet wie über Deutschland; die Jugendarbeitslosigkeit ist dort noch höher. Und in den USA sind diese Disparitäten zum Teil noch viel dramatischer.

Wir erleben im Moment eine Entwicklung zu einer Sozietät von Disparitäten, die man politisch immer weniger steuern kann. Und der Einfluß der Politik auf die Ökonomie, so wie es sich auf den ersten Blick darstellt, wird immer geringer, so daß man im Endeffekt sagt: Ökonomisch kann man eigentlich nicht mehr tun. Deshalb versuchen wir es wenigstens politisch im Bereich der Lebensverhältnisse.

Wenn das aber so ist, daß Politik nur noch korrigieren kann im Bereich der Lebensverhältnisse, im produktiven Bereich aber nichts mehr tun kann, weiß ich auch nicht mehr weiter.

Aber dies ist kein deutsch-deutsches Spezifikum, dies

ist eine internationale Entwicklung. Auch »Kathedralen in der Wüste« gibt es überall auf der Welt.

Alles kein Trost, sondern eher eine Verschärfung des Problems, und auch kein Grund, nicht über die deutsch-deutschen Dinge zu reden. Aber man muß aufpassen, daß man nicht etwas als Nationalspezifikum herausstellt, was Entwicklungen universalen Ausmaßes geschuldet ist.

Wolfgang Thierse:
Der dramatische Umbruch war nicht nur eine ökonomisch-soziale Umwälzung, sondern auch ein Vorgang moralischer Entwurzelung. Deswegen braucht man, gerade wenn es keine Möglichkeit gibt, die Massenarbeitslosigkeit schnell zu überwinden, eine eigene Anstrengung zur Verfestigung demokratischer Kultur in Ostdeutschland.

Wolf Lepenies:
Von der Politik müßte folgende Aussage kommen: Wir wissen nicht, wie die ökonomischen Rezepte aussehen müssen. Wir hoffen, daß wir es einmal wissen werden. Solange das aber nicht der Fall ist, müssen wir dort gegensteuern und unsere Energien bündeln, wo es am wichtigsten ist: bei der Jugendarbeitslosigkeit.

Wolfgang Thierse:
Ich sage in jeder meiner Wahlkampfreden: »Unser schlimmstes Problem ist die Arbeitslosigkeit. Aber es gibt kein Zaubermittel. Wir müssen verschiedenes tun. Und innerhalb dessen, was wir tun müssen, ist die Bekämpfung der Jugendarbeitslosigkeit das Wichtigste.«

Es geht um den Versuch, tatsächlich jedem eine Ausbildung zu geben und jedem eine Chance für einen beruflichen Anfang. Dann muß jeder für sich selber sorgen. Kein Staat kann mehr dafür sorgen, daß einer ein Leben lang einen Arbeitsplatz hat.

Edzard Reuter:
Ich habe das SPD-Papier bei mir. Da können wir das noch einfügen.

Wolfgang Thierse:
Da steht es drin, natürlich in etwas weicherer Form.

Antje Vollmer:
Aus den Statistiken, die hier vorgetragen wurden, kann natürlich die Folgerung kommen, die 170 Milliarden Mark jährlich müssen weiter bezahlt werden. Dem steht die Frage nach dem Erfolg entgegen, wenn diese Zahlen die Bilanz von soviel Jahren 170 Milliarden Mark jährlich sind.

Das ist für die westdeutsche Gesellschaft nicht nur eine ökonomische, sondern auch eine kulturelle Mühe, auch angesichts dessen, daß man keinen Fortschritt sieht. Da müssen schon alle politischen Kräfte äußerst gesammelt daran arbeiten, daß man sagt, wir werden das weiter machen. Aber es muß sich dann auch in der Form des Dialogs etwas ändern.

Wir müssen die neue Ebene finden, auf der für jeden das, was wir uns neu vornehmen, präzise beschrieben wird, auf der aber auch der Osten dabei ist, und zwar nicht nur als Fordernder, als Klagender, als einer, der seine verwundete Seele aufblättert, sondern mit einem

Hinweis darauf, wo es die Ansätze dieser Zivilgesellschaft gibt und wo den Anfang des Ost-Ost-Dialogs und ein korrigiertes Programm, mit dem sich dann der gutwillige Westen verbünden kann.

Nach meiner Ansicht wäre die Landwirtschaft einer der wenigen Bereiche gewesen, wo man etwas hätte besser machen können. Deshalb ist das gute Ergebnis dort eigentlich schlecht, weil sich eine Struktur der Landwirtschaft erhalten hat, bei der es große Konflikte mit dem Westen und die höchstmögliche Arbeitsplatzvernichtung gibt. Wenn man ähnlich wie im Handwerk systematisch Existenzgründungsprogramme gekoppelt mit dem Erhalt von Arbeitsplätzen gemacht hätte oder den Wiederaufbau einer Infrastruktur mit verarbeitendem Gewerbe, mit Molkereien, was in regionale Leitlinien hineineingepaßt hätte, auch in Form eines alternativen Tourismus, hätte man etwas Neues geschaffen. Man hat aber hochkapitalisierte agrarische Großunternehmen gefördert mit ungeheuer viel Geld aus Brüssel, mit wirklich ganz enormen Subventionen, hat damit aber nicht Arbeitsplätze geschaffen in Regionen, die gar keine Alternative haben.

Der Erfolg ist im Wettbewerb von agrarischen Unternehmen festzustellen, aber im kulturellen Sinne, im Arbeitsplatzsinne nicht.

In bezug auf die Jugendlichen ist seit langem meine Meinung, daß man den Menschen dort Geld geben muß, damit sie ein Supersportstadion bauen und sehr gute Fußballer und Trainer verpflichten können. Das würde in anderen Bereichen Identifikationspotentiale ergeben. Kaiserslautern ist ein wirklich gelungenes Beispiel des Umgangs mit Rechtsradikalen unter Jugendlichen. Mit einer ganz systematischen Fanarbeit wurden Identifikationsmuster, bestimmte Regeln, aber auch Erfolgserlebnisse vermittelt. Das ist eine durchaus moderne Form von Jugendarbeit, die ich im Moment für sinnvoller halte, als die Jugendlichen so oder so politisch anzusprechen.

Friedrich Dieckmann:
Otto Rehagel und Guildo Horn – unsere Hoffnungsträger! Daß, beispielsweise, Dynamo Dresden, eine einstmals berühmte Mannschaft, einen Rehagel brauchte, um in die oberste Liga zu kommen, liegt zutage, aber wer soll das bezahlen? Das Bonner Jugendminsterium? Eine einzige Mannschaft aus den östlichen Gebieten hält sich, mühsam genug, in der Bundesliga, das ist Hansa Rostock. Die Dresdner Mannschaft haben Westunternehmer mit betrügerischen Machenschaften kaputtgemacht.

Antje Vollmer:
Diese Unternehmer gibt es im Westen auch.

Friedrich Dieckmann:
Sie sind dort zu Hause. Der Rat, vermittels Fußball im Osten Identifikationspotentiale für die Jugendlichen aufzubauen, ist vortrefflich, aber er geht insofern ins Leere, als gerade Fußball eine Industrie ist, die enorme Investitionen erfordert; wer soll die aufbringen? Daß in den achtzehn Mannschaften der Bundesliga nur eine einzige Ost-Mannschaft vertreten ist, zeugt deutlicher als manches andere von der wirklichen Lage in der neuen Ost-Zone.

In Berlin gibt es neuerdings wenigstens Hertha BSC als Bundesliga-Mannschaft; die alte, besonders volksverwurzelte Ost-Mannschaft Union taumelt von einer Finanzkrise in die andere, und auch die Finanzsenatorin konnte ihr nicht helfen.

Ein anderer Indikator der Realität ist der Volkswitz, der immer auch ein Mittel psychischer Verarbeitung war. An einem neuen Berliner Witz ist das Interessante, daß man nicht sagen kann, ob er aus dem westlichen oder dem östlichen Teil der Stadt kommt; er lautet: »Die Mauer muß wieder her, aber eine aus Plexiglas, damit die andern sehen können, wie wir uns freuen.«

Antje Vollmer:
Solche Sprüche darf man nicht unterschätzen. Die Jugendlichen im Westen haben diese Art von Klagegedröhne sowas von satt, die wollen das nicht mehr. Zumal es hier eine neue Gemeinsamkeit gibt: Die Zukunftsangst teilen die Jugendlichen im Westen genauso mit.

Friedrich Dieckmann:
Ich sagte schon, der Witz ist nicht eindeutig lokalisierbar, insofern beschreibt er die Symmetrie der Probleme. Aber wir haben *eine* Frage noch nicht berührt, sie betrifft das Verhältnis des Nationalstaats zu dem sich monetär und ökonomisch vereinigenden West- und Mitteleuropa. Bevor die vereinigte Nation sich in ihrem Zusammengehörigkeitsgefühl politisch gefestigt und ökonomisch stabilisiert hat, tritt das neue Deutschland den Weg in ein ganz unzulänglich strukturiertes Europa an; der Vorgang erscheint wie eine Flucht aus einer Nationalstaatlichkeit, von der alle wissen, daß sie als Basis eu-

ropäischer Einheit nach wie vor unerläßlich ist. Gerade bei den sozial und ökonomisch Benachteiligten könnten dadurch destruktive Tendenzen befördert werden.

Ich will noch eine Anmerkung zu den Fehlgriffen bei der ökonomischen Verheftung machen. Wäre es gelungen, aus der alten DDR jenes »Japan des europäischen Binnenmarkts« zu machen, das der westdeutsche Marktanalytiker Roland Berger 1990 langfristig für möglich hielt, also ein Land mit konkurrenzfähiger industrieller Produktivität, dann wäre jenes westdeutsche Ressentiment, dessen Wahlkampfausbeutung mit knapper Not verhindert wurde, nur anders ausgeschlagen, denn auch das wäre zu Lasten der westdeutschen Wirtschaft, nicht zuletzt der Beschäftigten, gegangen.

Antje Vollmer:

Auch auf östlicher Seite wäre das Ressentiment dasselbe gewesen. Trotzdem wäre es wahrscheinlich besser gewesen, wenn man die eigenen Ausbeuter hätte anklagen können. Dieser billige Ausweg, daß die ganzen Aggressionsströme immer in eine Richtung gehen, wird auf Dauer zu keinem Ergebnis führen.

Wolfgang Thierse:

Meine Beschreibungen sind kein Klagegedröhn. Und es hilft nichts: Wir brauchen auf Jahre verläßliche Förderung, verläßliche Transferleistungen. Es ist auch im Interesse des Westens, aus Ostdeutschland keinen Sozialfall werden zu lassen. Wir brauchen vor allem mehr Direktinvestitionen. Das niedrigere Lohnniveau als eine hochproblematische Standortqualität Ostdeutschlands ist ein Angebot für Direktinvestitionen. Und dazu brauchen wir eine Kultur der Verständigung, auch des emotionalen Austausches; das, was ich Gerechtigkeitspolitik nenne, Anerkennungspolitik. Es geht darum, Identifikationspotentiale zu schaffen. Aber selbst dies hat mit Verteilungskonflikten zu tun.

Dynamo Dresden war einmal ein Identifikationspunkt. Gegen den Stasi-Klub BFC Dynamo haben die meisten mit Dynamo Dresden sympathisiert. Aber natürlich haben westdeutsche Klubs viel mehr Geld und können die besseren Spieler kaufen, und wir können sie auf keinen Fall zurückkaufen.

Antje Vollmer:
Dafür könnte man einen Teil der Milliarden genommen haben. Das könnten auch die Kommunen gemacht haben. So etwas bringt mehr als manche Kläranlage.

Edzard Reuter:
Die Verläßlichkeit der Rahmenförderung ist tatsächlich eine entscheidend wichtige Voraussetzung. Es gibt nichts, was die gesamte Bevölkerung mehr verunsichert als das Gefühl, man kann sich auf überhaupt nichts mehr verlassen.

Sie sagen zu Recht, das muß auch politisch verkaufbar sein. Die politische Verkaufbarkeit hat einen massiven Einbruch erlebt. Denn die Bauten, von denen hier die Rede war, sind, vom Staat gefördert und bewußt so gewollt, über Abschreibungsmodelle errichtet worden, die dazu geführt haben, daß die versteuerten Einkommen der daran Beteiligten auf Null zurückgegangen sind. Und diese Leute interessiert relativ wenig, ob die Gebäude jetzt leerstehen oder nicht.

Man kann die Akzeptanz einer verläßlichen weiteren Transferförderung also auch verbessern, indem man die Dinge politisch bewußt und offensiv vertritt und sich nicht sogar dafür schämt.

Ich warne davor zu sagen, hätten wir mit der Wiederherstellung der Nation doch etwas länger gewartet und wären wir nicht so voreilig nach Europa marschiert, wäre alles etwas einfacher. Ich halte das taktisch, aber auch schon im Ansatz für grundverfehlt.

Friedrich Dieckmann:
Nicht die Wiederherstellung des Nationalstaats war voreilig, sondern der schnelle Marsch in ein politisch diffuses Europa, das keine zureichende Verfassungsbasis hat.

Edzard Reuter:
Auch darüber bin ich bereit zu streiten. Ich meine, daß der Marsch nach Europa gerade deswegen, auch wenn er unstrukturiert war, so dringend notwendig war, weil ein Abwarten, wie es denn mit Europa wird, was dann eine nationale Begrenzung mit ihren Problemen bedeutet hätte, viel gefährlicher gewesen wäre. Es war gewissermaßen geschichtliches Pech, daß unsere Wiedervereinigung mitten in eine grundlegende Umstrukturierung der ganzen Welt gefallen und zugleich Teil dieses Prozesses ist.

Natürlich sind die Grundvoraussetzungen in Westdeutschland, was die sozialen Strukturen angeht, vielfach besser als im Osten, unter anderem deswegen, weil es in der Bevölkerung im Westen große Vermögensbestände gibt; diese sind zwar ungleich verteilt, mit allen Risiken, die darin stecken, aber wenn man das durchschnittliche Vermögen westdeutscher Familien mit dem durchschnittlichen Vermögen ostdeutscher Familien vergleicht, kann man tatsächlich eine Riesenspanne zwischen »arm« und »reich« entdecken.

Ich habe gewisse Zweifel, ob die massive Förderung und verstärkte Ansiedlung von Forschung und Entwicklung in Ostdeutschland zu den erhofften Erfolgen führen würde. Im Zeitalter der Digitalisierung, der Telekommunikation spielt es für die Wettbewerbsfähigkeit der Wirtschaft überhaupt keine Rolle, ob ein Forschungszentrum in Dresden oder Karlsruhe ist.

Und damit ein Mittelstand entsteht, müssen gewisse Rahmenbedingungen geschaffen werden. Aber es gibt ja auch viele Neugründungen. Und die Wachstumszahlen, die Sie zu Recht beklagen, hängen damit zusammen, daß die Bauindustrie zusammengebrochen ist. Wenn man das wegläßt, sieht es gar nicht so schlecht aus.

Im übrigen bin ich nicht der Meinung, daß der Staat Fußballer bezahlen sollte. Ich könnte mir bessere Einsatzmöglichkeiten vorstellen.

Dieter Simon:
Beim Thema Forschung und Entwicklung wird immer übersehen, daß es sich hier auch nicht um ein spezifisches Ost-Problem handelt. Die Industrieforschung im Westen ist genauso rückläufig. Hier kann es deshalb auf absehbare Zeit gar keinen Transfer von Forschungseinrichtungen geben. Aber es wird immer den Transfer geben, daß sich ein Professor und ein Student am Stammtisch treffen und zufällig über ein gemeinsames Problem unterhalten.

Wolfgang Thierse:

Um sich am Stammtisch treffen zu können, muß der Professor aber auch vor Ort sein.

Dieter Simon:

Meine Frage ist, ob wir überhaupt noch ein Ost-Spezifikum haben, was Gegenstand unserer Intervention sein soll?

Richard von Weizsäcker:

Ausbildungsplätze für die Jugend, Förderung des Mittelstandes, Umdisposition der Transfermittel in Richtung auf Forschung und Entwicklung, das sind alles wichtige und richtige Punkte. Sie können aber nicht der eigentliche Kern einer Botschaft sein, um die es uns gehen muß.

Wir können kein Manifest herausgeben, das im wesentlichen aus einer Analyse besteht, deren Kernsätze lauten: Es wird niemandem mehr geglaubt, und es verbreitet sich allseits Hoffnungslosigkeit. Ausgehen aber muß man von dieser Realität, und dieser Ausgangspunkt unterscheidet nach wie vor Ost und West qualitativ. Da können noch so richtige Analysen angestellt werden, daß jedes einzelne dieser Probleme, die wir aus dem Osten hören, in Ansätzen auch im Westen vorhanden ist. Und doch ist es ein qualitativer Unterschied in bezug auf das Grundvertrauen zu Gesellschaft und Demokratie und Parteien.

Trotzdem werden wir wahrscheinlich die Punkte zusammenstellen müssen, die konstruktive Signale sein sollen für die Zukunft. Eines, was immer wieder betont worden und auch sehr wichtig ist, ist die Verläßlichkeit der Rahmenbedingungen. Das ist, wenn man so will, trivial, aber seine Durchsetzbarkeit ist nicht trivial, und der Vertrauenspunkt, der damit verbunden ist, ist sehr wichtig.

Wir müssen aber auch etwas sagen zur Einstellung des Westens gegenüber diesen Fragen. Von einem westlichen Politiker, der sich an eine westliche Wählerschaft wendet, hört man kaum etwas an Information über den Osten. Und nach wie vor kommen vier Fünftel aller Wähler aus dem Westen. Infolgedessen ist das Thema Osten schon quantitativ nicht wichtig genug und darüber hinaus in sich unerfreulich. Ein Wort darüber, daß es langfristig im Interesse des Westens ist, daß diese Vier-Fünftel-Kandidaten gegenüber ihrer Vier-Fünftel-Wählerschicht etwas Positives und Informatives über den Osten sagen, halte ich für einen Bestandteil des Interesses im Westen. Etwas gegen die Instrumentalisierung des Ostens zu sagen, halte ich auch dann für notwendig, wenn ich mir bewußt bin, daß das parteipolitisch in Bonn unterschiedlich begeistert aufgenommen wird.

Identifikationspunkte für junge Leute, wie sie Antje Vollmer angesprochen hat, halte ich für sehr wichtig. Der Sport ist da ein sehr guter Ansatzpunkt, auch wenn dieser Sport inzwischen ein Instrument des allgemein nicht zivilisierten Kapitalismus geworden ist.

Wie das Thema Verankerung und Verwurzelung in ganz neuen und gegenüber der übrigen Welt sich abschließenden jungen Identifikationslagern behandelt werden könnte, weiß ich im Moment auch nicht. Nur finde ich gerade deswegen die Sache mit den Identifikationspunkten so wichtig, auch wenn sie gar nicht primär ihren politischen Charakter erfüllen.

Es muß uns gelingen, den Europa-Zusammenhang mit dem deutschen Ost-West-Thema zu verbinden. Daß wir bei der Vereinigung in ein unstrukturiertes Europa zu schnell hineingegangen sind, hatte seine Ursachen ja gar nicht in erster Linie im Osten oder in dem Vereinigungsprozeß, wie er empfunden wurde bei den Deutschen in Ost und West, sondern in der legitimen Vorstellung der Bundespolitik, welche sich einer Welt gegenübersah, wo sich alle unsere Nachbarn furchtbar über den Fall der Mauer freuten – und alle unsere Nachbarn kolossal erschrocken waren, was denn nun die Folge einer staatlichen Vereinigung sein könnte. Um diesen Schrecken abzuwehren, haben wir sofort alle miteinander, Regierung und Opposition, erklärt: Jetzt werden wir aber noch europäischer, als wir es je vorher waren. Und diese Erklärung führte natürlich hinein in ein nicht sehr strukturiertes Europa.

Aber neben der notwendigen, richtigen, keineswegs risikofreien, aber wichtigen weiteren Motorisierung der bestehenden Europäischen Union durch die Währungsunion einerseits steht andererseits die nicht geringere Notwendigkeit der Osterweiterung oder, wie ich lieber sagen würde, der Vollendung Europas. Das interessiert doch auch die Menschen im Osten Deutschlands. Oder nicht?

Friedrich Dieckmann:

Jenes Europa, das heute als Brüsseler Generalverwaltung besteht, gleicht in seinen Strukturen mehr der alten DDR als der deutschen Bundesrepublik. Ein Kenner sagte einmal: Ein Staat, der so verfaßt wäre wie die Europäische Union, könnte niemals deren Mitglied werden. Daß die politische Schiene, die neben der Währungsvereinigung herlaufen sollte, nicht gelegt wurde und mit der Euro-Vision, die sich in diesen häßlichen Einheitsgeldscheinen versinnlicht, keine politisch umrissene Europa-Vision Gestalt annahm, halte ich für ein ernsthaftes Gefahrenmoment.

Antje Vollmer:
Es geht darum, daß man die Unzufriedenheit im Osten nicht nur für das populistische Durchwinken nach Westen nutzt, sondern gleichzeitig zur innergesellschaftlichen Verständigung über die Form der Austragung dieses Konfliktes oder die zivilisatorischen Regeln kommt.

Friedrich Dieckmann:
Auch das ist ein guter Rat; das Problem ist nur, daß alle realen Machtpositionen in den Händen nicht der Ostdeutschen sind.

Dieter Grimm:
Ich glaube, es ist ein fundamentaler Fehler, wenn man die staatlichen Organisationsmuster und die staatlichen Demokratiemuster auf die Europäische Union übertragen will. Man entfernt sich damit weiter von dem, was man will. Man muß die europäische Konstruktion als eine sehr eigentümliche, auch präzendenzlose, ernst nehmen und nicht versuchen, sie in einen Staat hinein zu entwickeln.

Unser Ziel kann eigentlich nur sein, daß man dagegen ankämpft, daß die desolate Lage noch politisch verschärft wird. Für mich ergeben sich aus der Diskussion vier Punkte:

1. Ein Aufruf an die Politik, ehrlicher zu sein und auch nicht vorzuspiegeln, daß sie die Rezepte hätte, so daß

sich dann die Parteien nur noch in Versprechungen überbieten können, was im Osten auf noch größere Skepsis stößt als in Westdeutschland.

2. Es darf die im Westen festzustellende wachsende Verstimmung über den undankbaren, geldfressenden Osten nicht politisch ausgenützt und geschürt werden.
3. Die Parteien, die sich der Ostproblematik vielleicht etwas ernster annehmen als andere, dürfen nicht in die Ecke von Kollaboration mit den Kommunisten geschoben werden.
4. Die Transferzahlungen in den Osten müssen außerhalb des Wahlkampfs bleiben.

Ich gebe all diesen Rufen keine große Chance. Aber erhoben werden müssen sie trotzdem.

Edzard Reuter:

Die Einbettung in das Thema Europa muß gegeben sein. Die Vollendung Europas wird zunehmend diskutiert werden, in unserem Land, aber auch bei unseren Nachbarn, je mehr die internen Probleme durchschlagen.

Wolf Lepenies:

Es geht mir nicht um Ehrlichkeit. Ich würde hier keinen moralischen Appell an die Politik richten. Es geht darum, daß die Politik deutlicher als bisher erkennen muß, wo sie etwas sagen kann und wo sie vielleicht lieber schweigen sollte. Wo sie insinuiert, daß sie ökonomische Prozesse beeinflussen kann, die im Moment ihrer Kontrolle entglitten sind, sollte sie das nicht tun. Die Politik muß in diesem Sinne ehrlich sein, das hat mit der Moral aber nichts zu tun.

Und an diesem Punkt kommt das Thema Europa. Unsere Hoffnung, daß die Politik auch gegenüber dem Ökonomischen eine Funktion wiedergewinnen könne, läßt sich auf der Ebene des Nationalstaates ganz sicher nicht, vielleicht auch in Europa nicht, aber wenn, dann nur auf höherer Ebene verwirklichen. Der Hoffnungsschimmer, daß die Politik wieder etwas mehr sein könnte, als sie im Moment leider ist, läßt sich auf der Ebene des deutsch-deutschen Dialogs alleine nicht mehr formulieren.

Dieter Simon:

Ich beobachte jeden Tag, daß die Menschen aus dem Osten in einem für mich manchmal rätselvollen Umfang nach wie vor ein Staatsvertrauen – man kann auch sagen: ein obrigkeitliches Denken – zur Prämisse aller ihrer Optionen, auch aller ihrer Vorwürfe, machen. Andererseits weiß ich nichts darüber, habe aber ein ungutes Gefühl: Hält im Osten irgend jemand etwas von Europa?

Meine Kollegen in der Akademie, die aus dem Osten kommen, sind sicher nicht sehr typisch, weil es Berliner sind. Aber je weiter ich in den Osten komme, desto weniger habe ich den Eindruck, als würde man Europa überhaupt als irgendeine diskutable Option empfinden. Nicht nur die müssen in Europa ankommen. Vielmehr ist Europa dort noch überhaupt nicht angekommen. Und ich habe den Eindruck, viele wollen sich auch nicht darauf einlassen.

Wolfgang Thierse:

Natürlich ist Europa den meisten Ostdeutschen viel fremder. Das wäre ein Argument, ausführlicher darüber zu reden, und zwar mit dem wirklichen Anknüpfungspunkt, daß die Agenda 2000, die Reform des Strukturfonds, einen wirklichen Pro-Ost-Akzent hat und wir durch diese Reform Nutznießer eines weiteren europäischen Einigungsschrittes sind – und daß genau dieses auf den Widerstand stößt der bayerischen und anderer Besitzstandswahrer.

Die Mittwochsgesellschaft
vom 1. Juli 1998

Die Situation in den östlichen Ländern (II)

Die wesentlichen Punkte der Diskussion in der Mittwochsgesellschaft vom 20. Mai 1998 wurden im Auftrag des Kreises von Egon Bahr unter Mitwirkung von Friedrich Dieckmann in einem Positionspapier zusammengefaßt, über dessen Text es zu einer lebhaften Diskussion kam.

Egon Bahr:

I.

Auch zu Beginn des neunten Jahres der deutschen Einheit wird der Auftrag der Verfassung, die Herstellung gleichwertiger Lebensverhältnisse, nicht erreicht sein. Das wäre hinnehmbar, solange die Entwicklung Fortschritte auf dem Weg zu diesem Ziel zeigt. Die Wirklichkeit ist alarmierend: Der wirtschaftliche und der soziale Abstand zwischen West und Ost nimmt wieder zu. Die Schere öffnet sich, und zwar nicht nur auf dem Gebiet des wirtschaftlichen Wachstums und der Arbeitslosigkeit, sondern nicht weniger beunruhigend im Gefühlsbereich der Menschen in beiden Landesteilen. Die Freude über die gelungene Überwindung der Spaltung der Nation ist durch die Erfahrung unterschiedlicher

Mentalität, sogar durch neue Entfremdung abgelöst worden. Das Ziel der inneren Einheit – 1990 zur Priorität der deutschen Innenpolitik erklärt – scheint 1998 so weit entfernt, daß es weder für die nächste noch die übernächste Legislaturperiode als erreichbar postuliert wird.

II.

Die deutsche Wirklichkeit zeigt mindestens zwei Seiten. Unübersehbar sind die Erfolge, die mit jährlich mehr als 150 Milliarden Mark generöser Transferzahlungen vollbracht worden sind. Von einem nationalen Aufbauwerk kann füglich die Rede sein. Das betrifft Straßenbau, Bahnen, Telefonnetz und viele andere Maßnahmen zur Herstellung einer modernen Infrastruktur, die bauliche Erneuerung großer und kleiner Städte ebenso wie die Sicherung der Renten. Auch einzelne Firmen haben Außerordentliches geleistet. Welche großartigen Leistungen mit viel Geld zu erreichen sind, kann besichtigt werden.

Wer allein darauf verweist, kann nicht erklären, warum es keine Aufbruchsstimmung gibt und Vertrauen in die Zukunft fehlt. Noch immer hält die fatale Abwärtsspirale von Abwanderung, Arbeitslosigkeit und wirtschaftlicher Depression an. Ein sich selbst tragender Aufschwung ist nicht in Sicht. Wirtschaftswissenschaftler sprechen im Blick auf isolierte High-Tech-Produktionsstätten von »Kathedralen in der Wüste«. Glänzende Potemkinsche Fassaden, hinter denen leere Räume auf Mieter warten, sind ebenso unübersehbar wie der weitgehende Abbau der Industrie, der aus chemisch verseuchten Gebieten vielfach blühende Landschaften gemacht hat, mit einer Arbeitslosigkeit von 40 Prozent.

Der sachliche Befund der Ost-West-Verhältnisse ergibt unter anderem folgendes: Die östlichen Länder des vereinigten Deutschlands verfügen im Vergleich zu Gesamtdeutschland über ein Drittel der Fläche, ein Fünftel der Bevölkerung, ein Sechstel der Selbständigen, aber nur über ein knappes Zehntel des Sozialprodukts. Nur ein Vierzehntel des in Ostdeutschland vorhandenen Produktivvermögens befindet sich auch in ostdeutscher Hand; nur ein Zwanzigstel der Industrieproduktion ist in Ostdeutschland; nur ein Fünfundzwanzigstel der Forschungs- und Entwicklungsausgaben werden in Ostdeutschland getätigt; nur ein Fünfzigstel des Exports kommt aus Ostdeutschland. Dafür aber ein Drittel der Pleiten und ein Drittel der Arbeitslosen.

Auf 1000 Einwohner kommen in Ostdeutschland heute nur 1,2 Industrieforscher, soviel wie in Griechenland und Portugal; im Durchschnitt der gesamten europäischen Union sind es mit 4,7 fast viermal so viel. Die deutsche Ost-Zone ist zu einer Art Mezzogiorno auf dem Territorium der drittgrößten Industriemacht der Welt geworden.

Die in der deutschen West-Zone verbreitete Stimmung, der Osten sei ein Faß ohne Boden, verkennt, daß es so etwas wie eine selbstverantwortliche ostdeutsche Wirtschaft nicht gibt. Alle ausschlaggebenden Kompetenzen liegen seit 1991 bei westdeutschen Instanzen und Eigentümern. Der Einfluß der jeweiligen Länderpolitik auf die Wirtschaftslage ist äußerst begrenzt, wovon schon die Gleichartigkeit der Arbeitslosenzahl und anderer Kennziffern zeugt. Die Überführung fast der gesamten DDR-Industrie in westliche Hände erwies sich einerseits als Modernisierungshebel und andererseits als zweckdienliches Mittel, ernstzunehmende Konkurrenz zu verhindern.

Die Tabula-rasa-Privatisierung durch die bundeseigene Treuhandanstalt hat dazu geführt, daß binnen kurzem 93 Prozent des Produktivvermögens in nichtostdeutsche Hände übergingen, die, marktwirtschaftlichen Maximen folgend, oft stärker am schnellen Gewinn als an der Stärkung der Region interessiert waren. Diese Entwicklung ist ebenso irreparabel wie die Auswirkung des Fehlers, Alteigentümern Rückgabe vor Entschädigung zuzusprechen.

III.

Den meisten Westdeutschen fällt es schwer zu verstehen, was es für ostdeutsche Landsleute bedeutet, sich in einer Gesellschaft zu finden, in der die gewohnte Sicherheit des Arbeitsplatzes fehlt. Das kommt für viele Menschen, die in dieser Hinsicht ihr Leben lang keine Sorgen gehabt haben, einem Kulturschock gleich. Die Angst, keine Arbeit mehr zu finden, und die Angst, die vorhandene zu verlieren oder sich mit untertariflicher Entlohnung abfinden zu müssen, bündeln sich zu einer fast irrationalen Angst vor der Zukunft. Sie wird nicht geringer durch die Unfähigkeit der Politik, vernünftig begründbare Hoffnung auf Änderung in überschaubarer Frist machen zu können. Insofern zeigt Ostdeutschland zugespitzt und verschärft, was grundsätzlich in Westdeutschland ähnlich empfunden wird.

Die Reaktion in der ostdeutschen Bevölkerung läßt keine nennenswerte Tendenz eines »zurück zur DDR« erkennen. Der Stammtischwitz, dessen Herkunft, ob Ost- oder Westberlin, man nicht lokalisieren kann, ist gesamtdeutsche Mentalitätssatire: »Die Mauer muß wieder her, aber eine aus Plexiglas, damit die andern sehen, wie wir uns freuen.«

In der politischen Wirklichkeit erlebt Ostdeutschland CDU, SPD und PDS als etablierte Parteien, verantwortlich für eine Lage, in der die Fehler seit 1991 mit jedem Jahr schwerer wiegen als die Hinterlassenschaft Honeckers. Sich an die Etablierten als Adressaten des Protestes zu wenden, scheint sich immer weniger zu lohnen. Diese gefährliche Tendenz ist besonders bei Jugendlichen zu beobachten, die unter dem Eindruck mangelnder Zukunftsperspektive ein kulturelles Umfeld und damit Sozialisation in rechten Zirkeln finden.

Eine potentiell gefährliche Mischung sozialer Unzufriedenheit und antidemokratischen Trotzes hat sich bei einem Teil der Wähler herausgebildet. Die überraschende Stärke der DVU in Sachsen-Anhalt darf nicht vergessen lassen, daß schon nach dem letzten Wahlkampf in Hamburg von »hochexplosivem Enttäuschungspotential« und »blankem Haß« (Henning Voscherau) und von »aggressivem Nihilismus« (Tobas Dürr) gesprochen wurde, der sich unter denen breit mache, die sich ins Hoffnungs-, Bindungs- und Aussichtslose gesetzt sehen. Auch insofern könnte in Ostdeutschland nur greller ablesbar sein, was in Westdeutschland noch verhüllt ist.

IV.

Überall in Europa wird der Einfluß nationaler und regionaler politischer Institutionen geringer. Das ist nicht nur das Ergebnis der gewünschten Integration der Staaten in der Europäischen Union, sondern auch der grenzüberschreitend operierenden Großwirtschaft, die bekanntlich weder in Landtagen noch für den Bundestag zur Wahl steht. Weltweit geht die Tendenz der sozialökonomischen Entwicklung dahin, daß die Kluft zwischen Arm und Reich individuell, regional und national wächst und die Mittelschichten unterminiert werden. Es gehört zu den negativen Begleitumständen der Globalisierung, daß die Staaten machtloser und die agglomerierenden Kapital- und Industriemächte immer unkontrollierbarer werden.

Es gibt Elemente objektiver und solche selbstgeschaffener Ohnmacht der Politik. Entscheidungen von Parlamenten und Regierungen haben Entmachtung auch als Selbstentmachtung vollzogen oder in die Wege geleitet. Eine Antwort der Bevölkerung besteht in dem Anteil der Nichtwähler, der auch im Westen seit Jahren zunimmt. Daß im Osten teilweise aus Nichtwählern und den Wählern der alten bundesrepublikanischen Parteien die Wähler nationalistischer Pseudoparteien wurden, die noch gar nicht als politische Organisation existieren, sondern amorphe Sammelbecken einer kommerziell organisierten Systemverneinung bilden, stellt nur einen Sonderfall dar; er ergibt sich aus Faktoren der älteren wie der jüngeren Geschichte des östlichen Deutschlands. Wenn man wissen will, was beim Verfehlen wirksamer Maßnahmen morgen oder übermorgen in ganz Deutschland der Fall sein wird, braucht man nur auf dieses Gebiet zu blicken. Umgekehrt: alle wirksamen Vorkehrungen, die nicht bloß Symptome, sondern Ursachen angehen, werden sich auch für Westdeutschland als hilfreich erweisen.

V.

Welche Orientierung ergibt sich für unser Land mit dem Blick über den 27. September hinaus?

Angesichts der fortschreitenden Globalisierung und der schwierigen Vollendung Europas durch eine Währungsunion und die gewünschte Einbeziehung Osteuropas darf die Politik nicht so tun, als hätte sie für diese Probleme schon risikofreie Patentlösungen. Die internationalen Bemühungen müssen dahin gehen, der Politik wieder die Dominanz zu verschaffen, die zur Lösung eines Hauptproblems aller Industriegesellschaften nötig ist: daß die Maschinen immer weniger Menschen brauchen, um immer mehr zu produzieren.

Sie entbinden die deutsche Politik nicht von der Verantwortung, zu tun, was in ihrer Kompetenz liegt. Da steht an erster Stelle die auf Jahre verläßliche Zusage, die bisherigen Transferleistungen fortzusetzen. Sie liegen auch im Interesse des Westens, damit aus dem Osten kein Sozialfall wird. Die Bündelung der Energien, selbst unter den Bedingungen des Wahlkampfs zugesagt, kann das notwendige Vertrauen in die Zukunft schaffen.

Entgegenzutreten ist allen Versuchen oder Versuchungen, Ost gegen West zu instrumentalisieren, eigene Politik durch Verweis auf entschwundene Gegner zu beglaubigen und demokratische Kräfte, die ostdeutsche Lebenserfahrung zu eigenen Wegen führen, in die Ecke der Kollaboration mit ehemaligen Kommunisten zu schieben. Zu wünschen ist, daß den Vier-Fünftel-Wählern im Westen Informatives und Positives über Befindlichkeit und Leistungsbereitschaft im Osten vermittelt wird. Auch und gerade von denen, die sich um die vier Fünftel mehr kümmern als um das eine Fünftel.

Die Transfermittel sollten so umdisponiert werden, daß der Kampf gegen Jugendarbeitslosigkeit, das dramatische Schlüsselproblem, an erste Stelle rückt, daß Ausbildungsplätze und Chancen für jeden Berufsanfänger geschaffen werden. Ein weiterer Schwerpunkt sollten gezielte Investitionen in Forschung und Entwicklung sein, um diesen Landesteil zu einem Standort der Innovation zu machen. Es kann hier nicht darum gehen, eine gewichtete Liste notwendiger und wünschbarer Maßnahmen aufzustellen. Uns kommt es darauf an, auf die Notwendigkeit hinzuweisen, das Grundvertrauen zu Gesellschaft, Demokratie und Parteien in unserem Land zu stärken.

Diskussion

Ernst Joachim Mestmäcker:
Der Bruch, der für die Menschen in den neuen Bundesländern mit der Wiedervereinigung verbunden war, ist sehr viel gravierender, als von Anfang an und auch im Laufe der Zeit wahrgenommen worden ist. Der Grund liegt aber nicht nur im Problem der Arbeitslosigkeit, sondern im Kern im Verlust des Alltags, im – wie Arnold Gehlen es ausdrückt – Verlust der entlastenden Funktionen der Institutionen. Alle Selbstverständlichkeiten sind über Nacht verschwunden, und an die Stelle des gewohnten Systems ist plötzlich die ganze Vielfalt des demokratischen Rechtsstaates getreten, mit sehr viel mehr Ämtern, als die Diktatur je gehabt hat, und infolgedessen auch mit sehr viel mehr Irritationen.

Was die allgemeinen Aussagen angeht, die Egon Bahr und Friedrich Dieckmann zusammenfassend dargestellt haben, fällt mir, muß ich zugeben, eine Kommentierung sehr viel schwerer. Ich denke zum Beispiel an die These, daß seit 1991 die gemachten Fehler mit jedem Jahr schwerer wiegen als die Hinterlassenschaft Honeckers. Dies vermag ich nicht durch Tatsachen begründet zu sehen.

Sie sagen, es gibt keine selbstverantwortliche ostdeutsche Wirtschaft. Die gibt es im Westen auch nicht, und ich frage mich, welcher Mangel damit bezeichnet werden soll. Eine selbstverantwortliche ostdeutsche Wirtschaft setzt zentrale Kompetenzen voraus. Eigentümer haben in unserer Rechtsordnung keine Kompetenzen, sondern Handlungsmöglichkeiten. Die Gleichstellung von hoheitlichen Kompetenzen und wirtschaftlichen Handlungsmöglichkeiten kann ich so nicht akzeptieren.

Und bei allem Verständnis für die wirtschaftlichen Schwierigkeiten: Daß die Privatisierung ein Mittel gewesen sein soll, ernstzunehmende Konkurrenz zu verhindern, vermag ich unter keinem möglichen Gesichtspunkt zu verstehen. Die Konkurrenzfrage hat eine Rolle gespielt bei den Tarifverträgen, die schon 1990/91 unter Beteiligung der westdeutschen Gewerkschaften abgeschlossen worden sind und unter selbstverständlicher Mitwirkung der westdeutschen Industrie, die in diesen Tarifverhandlungen die Arbeitgeberseite weitgehend vertreten hat.

Schließlich wird das häufig gehörte Argument wiederholt, es sei ein Fehler gewesen, Alteigentümern Rückgabe vor Entschädigung zuzusprechen. Wenn ich das Prinzip der Entschädigung der Alteigentümer ernst nehme, dann ist der wirtschaftliche Unterschied prinzipiell Null. Denn wenn ich ein Eigentum übertragen bekomme unter dem Vorbehalt der Entschädigung, dann muß ich mich voll darauf einstellen, daß ich den Ertragswert, den eine Sache gegenwärtig hat oder in Zukunft bekommen wird, hinterher auch erstatten muß. Insofern vermag ich die Blockaden, die damit verbunden sein sollen, nicht zu sehen.

Edzard Reuter:

Auch ich sehe diesen Wegfall gewohnter Institutionen und den Wechsel ins Ungewohnte als ein Befindlichkeitsproblem, das hinter den beschriebenen Problemen steckt. Wenn wir uns aber mit der Grundsatzthematik der Befindlichkeit im Osten befassen, dann müssen wir auch sagen, daß dieser Wechsel in der Befindlichkeit einerseits von den Menschen gewünscht und andererseits von uns im Westen oktroyiert worden ist, ohne zugleich zu fragen, welche Institutionen wir eigentlich transferieren wollen. Die Frage, die oft diskutiert wurde, ob hier ein »Anschluß« vollzogen wurde oder ob wir über eine Neuformulierung des Grundgesetzes hätten nachdenken sollen, hängt damit, glaube ich, entscheidend zusammen.

Auch ich bin bei einer ersten Lektüre dieser Darstellung über die »Hinterlassenschaft Honeckers« gestolpert. Vielleicht ist damit ja gemeint, daß die politische Wirklichkeit die Dinge so erlebt, als seien sie schwerer als die Hinterlassenschaft Honeckers. Die gewählte Formulierung jedenfalls wirkt auch für mich nicht erträglich.

Friedrich Dieckmann:

Man kann die vier letzten Wortes dieses Satzes ohne weiteres weglassen. Dann lautet er: »... verantwortlich für eine Lage, in der die Fehler seit 1991 mit jedem Jahr schwerer wiegen.«

Edzard Reuter:

Was schließlich die Formulierung von der selbstverantwortlichen ostdeutschen Wirtschaft angeht, so sind tatsächlich in Ostdeutschland seit der Wiedervereinigung keine Wirtschaftseinheiten neu entstanden oder von der Treuhand übernommen worden, von denen man sagen kann, hier werden – vergleichbar mit Westdeutschland –

eigenständige wirtschaftliche Entscheidungen im Rahmen der Weltwirtschaft getroffen. Daß es eine Fülle von Mittelständlern und Neuunternehmern gibt, die in dem Sinne verantwortlich wirtschaften, steht auf einem anderen Blatt. Ich sehe in dieser Formulierung also keinen Rückfall in staatswirtschaftliche Mentalitäten.

Das Ausschalten ernstzunehmender Konkurrenz als Grundlage der Entscheidungen der Treuhandanstalt ist aber auch nach meiner Meinung sehr weit hergeholt. Natürlich wird es bei Unternehmen, die mit der Treuhand zusammengearbeitet oder aus dem Treuhandvermögen etwas übernommen haben, solche Gedanken gegeben haben. Das kann es aber auch im privatwirtschaftlichen Bereich bei jedem Fusionsbestreben geben. Der Treuhandanstalt kann man diesen Vorwurf so pauschal nicht machen.

Was Sie zur Frage »Rückgabe vor Entschädigung« begründen, kann ich sehr gut verstehen. Aber auch da muß man bei den Fakten bleiben. Und da hat dieses Grundsatzprinzip Rückgabe vor Entschädigung einfach bedeutet, daß sich alles ewig hinausgezögert hat. Dieser Flaschenhals ist vielleicht nicht ganz übersehen, aber doch in Kauf genommen worden. Und durch diese andauernden Rückgabeverfahren ist tatsächlich die Belebung des wirtschaftlichen Geschehens verzögert worden. Mit der juristischen oder volkswirtschaftlichen Grundsatzdiskussion über dieses Prinzip hat das für meine Begriffe nichts zu tun.

Egon Bahr:

Wir haben versucht, die Diskussion bei unserem letzten Treffen zu systematisieren. Wir haben nichts prinzipiell

Neues hinzugefügt. Und natürlich ist das Gesamtproblem noch nicht ausreichend ausgeleuchtet und durchdiskutiert.

Der Argumentation zum Verlust des Alltagsgefühls stimme ich sofort zu, zur Verachtung dessen, was 40 Jahre Leben bedeutet haben, zu den Selbstverständlichkeiten einer Karriere. Das ist ein ganz wichtiger Punkt, den wir in unserer Diskussion aber praktisch noch nicht berührt haben. Und es ging nicht darum, daß wir nun sozusagen alles, was wir für den Zustand unseres Landes und der gegenwärtigen Situation für wichtig halten, in unsere zusammenfassende Darstellung hineinnehmen. Diese Darstellung gibt deshalb bewußt kein vollständiges Bild, sondern konzentriert sich auf die schon besprochenen wesentlichen Punkte: Arbeitslosigkeit, insbesondere Jugendarbeitslosigkeit, Transferleistungen. Und sie zeigt auch auf, daß man unter Umständen am Osten, wenn man nichts Entscheidendes unternimmt, ablesen kann, was dem Westen vielleicht noch blüht.

Was die Erwähnung von Honecker angeht, bin ich selbstverständlich damit einverstanden, diesen Halbsatz zu streichen. Ich will aber meine Meinung dazu sagen, die dahingeht, daß die Probleme, mit denen wir es jetzt zu tun haben, zu einem großen Teil auf selbst gemachte Fehler zurückzuführen sind. Wenn Helmut Schmidt hier gesagt hat, wesentliche Punkte in der Entwicklung sind irreparabel, dann gehört sicher dazu, daß man für die Zustände, die wir jetzt diskutiert haben, sagen kann: Alles geht zurück auf 40 Jahre Honecker und Ulbricht. Aber je mehr Zeit ins Land geht, um so weniger wird man sich darauf berufen können, solange ein Zustand zurückzuführen ist auf Fehler, die wir seit 1990 gemacht haben. Die Entschuldigung, alles auf Honecker zurückzuführen, wird also immer schwächer und von den Menschen auch nicht mehr so akzeptiert werden – zumal man Honecker nicht abwählen kann.

Das Thema Rückgabe vor Entschädigung sehen Sie unter einer Alternative, die ich so bisher gar nicht gesehen und gedacht habe. Die SPD hat dieses Prinzip abgelehnt, als es im Bundestag zur Diskussion stand. Wir haben dabei natürlich auch daran gedacht, daß Frankreich, das weiß Gott Hochachtung vor privatem Eigentum hat, nach dem Kriege, in einer vergleichbaren Situation also, ganz anders vorgegangen ist, indem es etwa beim Aufbau der total zerstörten Stadt Le Havre die gesamte Innenstadt enteignet hat. Sie wollten nicht auf eine Klärung der Eigentumsverhältnisse warten, sondern haben enteignet, geplant und angefangen zu bauen, haben dann die entstandenen, neu geschnittenen Grundstücke verkauft und aus den Einnahmen die Alteigentümer entschädigt.

Ich habe keinen Zweifel, daß wir beim Aufbau der früheren DDR weiter gekommen wären, wenn wir in etwa auch nach diesem Schema vorgegangen wären.

Friedrich Dieckmann:
Eine zusammenfassende Darstellung verkürzt zwangsläufig; was fehlt, kann ergänzt, was strittig ist, präzisiert werden. Es handelt sich um einen Entwurf, der gemeinsam zu redigieren wäre. Natürlich kann man statt von Kompetenzen von Handlungsmöglichkeiten sprechen, falls das juristisch genauer ist. Wenn eine Wendung, die darauf deutet, daß man die Schwierigkeiten der gegenwärtigen Lage nicht mehr nur auf DDR-Hinterlassen-

schaften zurückführen kann, mißverständlich erscheint, dann wird sie eben weglassen.

Schwieriger steht es mit der Frage der Konkurrenzausschaltung im Verlauf des ökonomischen Angliederungsprozesses. Ich lese Ihnen eine Passage aus meinem eigenen, zu Händen von Egon Bahr verfaßten Text vor, die in diesem Punkt ausführlicher ist: »Von Anfang an unterlag die Wirtschaftspolitik des westlichen für das östliche Deutschland gravierenden Fehldispositionen. Man glaubte, dort das westdeutsche Nachkriegswirtschaftswunder wiederholen zu können, ohne sich die besonderen ökopolitischen Bedingungen zu vergegenwärtigen, unter denen die westdeutsche Entwicklung nach 1948 stattgefunden hatte. Man übersah ferner, daß dieselben technologischen und ökonomischen Faktoren, die die DDR-Wirtschaft in eine Existenzkrise geführt hatten, früher oder später auch die ungleich stärkere Wirtschaft des deutschen Westens erreichen würden. In der Zeit der Weichenstellung 1990 / 91 hätte man alles daran setzen müssen, die funktionsfähigen Teile der DDR-Wirtschaft einerseits zu modernisieren und andererseits vor dem Zugriff übermächtiger Kapitalinhaber zu schützen, von dem abzusehen war, daß er in aller Regel *kein* selbstloser sein werde.

Solche Schutzvorkehrungen, die den Prozeß der politischen Vereinigung nicht verzögert hätten, sind damals in blindem Vertrauen auf blindwaltende Marktkräfte unterlassen worden, obschon im westlichen Deutschland eine vielseitige wissenschaftliche Erfahrung für das keineswegs neue, obschon hier spezifisch zu fassende Problem einer umfassenden ökonomischen Transformation zur Verfügung stand. Statt den Rat der Fachleute einzuholen, wurde der Volkswirtschaft einer Bevölkerung von der Größe der Niederlande eine Tabula-rasa-Privatisierung verordnet, in deren Ergebnis binnen kurzem 93 Prozent des dort vorhandenen Produktivvermögens in nicht-ostdeutsche Hand übergingen. Die Käufer des Bundesbesitz gewordenen Staatsbesitzes profitierten davon, daß infolge des durch die Treuhand-Anstalt erzeugten Überangebots die Preise für die feilgebotenen Betriebe ins Bodenlose fielen; daß ihr Kaufinteresse überwiegend der schnelle eigene Gewinn und nicht der Erhalt und die Förderung einheimischer Wirtschaftskapazitäten sein werde, mußte jedem Kenner marktwirtschaftlicher Prinzipien deutlich sein.«

Das Kuriose an der ganzen Geschichte war ja, daß die Regierung anzunehmen schien, der Kapitalismus sei eine andere Art von Sozialismus, und dann überrascht feststellen mußte, daß es sich doch um Kapitalismus handelte. »Die Tabula-rasa-Privatisierung in den Ländern des östlichen Deutschlands«, fährt mein Text fort, »hat sich als das Borodino eines Neoliberalismus erwiesen, dem sein Waterloo noch bevorsteht.« Setzen wir das ruhig in den Konjunktiv!

Richard von Weizsäcker:

Auch wenn es falsch ist, es ist eine hübsche Formulierung.

Friedrich Dieckmann:

Das weitere ist dann wieder konsensfähig: »Die Unkosten dieses der Wissenschaft als *Top-down-Transplantation* bekannten Verfahren, das sich machtpolitisch vor jedem wirksamen Einspruch und jeder eingreifenden

Korrektur sicherstellte, sind den deutschen Steuerzahlern in Ost und West aufgebürdet worden, zu denen die Inhaber der großen Kapitalien bekanntlich nicht gehören. Zugleich ist deutlich: Hätte der deutsche Westen, der 1990 schlagartig fast die gesamte wirtschaftspolitische Kompetenz – wir ändern das nun in Handlungsfähigkeit – in den östlichen deutschen Ländern an sich zog, im Verbund aller Beteiligter, auch der Gewerkschaften, erfolgreich auf die wirtschaftliche Stärkung dieses Gebietes hingearbeitet, so wären angesichts übersättigter Märkte für die westdeutsche Industrie und die westdeutschen Arbeitnehmer Einbußen keineswegs ausgeblieben; jeder konkurrenzfähig werdende Ost-Betrieb hätte für den Westen genau das bedeutet: eine ernstzunehmende Konkurrenz.«

Volker Hassemer:

Ich bin im Zweifel, ob sich die Schere weiter öffnet. Ich habe nicht Erfahrungen in der gesamten ehemaligen DDR, sondern in Berlin, wo die Zunahme der Arbeitslosigkeit im Westen größer ist als im Osten. Damit findet die Verringerung des von Ihnen beschriebenen Grundproblems stärker statt in dem Teil, den Sie beschreiben, als in dem Teil – in Westberlin –, der durch den Fall der Mauer eben auch Probleme auf den Tisch bekam.

Ich habe seit Beginn der neunziger Jahre für Berlin vorgeschlagen, weniger den Nachholbedarf zu beklagen als die Bedeutungspotentiale des östlichen Teils von Berlin zu sehen. Dinge wurden in Bewegung gesetzt, und die Vorteile zeigen sich jetzt. Sie zeigen sich angesichts der prinzipiell besseren mentalen Voraussetzungen im östlichen Teil der Stadt. Die Menschen dort nehmen eher

Arbeitsplätze an als andere, sie sind qualifizierter als andere, sie sind mobiler im positiven Sinne. Die Arbeitslosigkeit in Potsdam liegt nicht wegen der florierenden Wirtschaft dort nur bei sechs oder sieben Prozent, sondern weil die Mentalitätsvoraussetzungen günstiger sind.

Mir ist deswegen die Darstellung von Egon Bahr und Friedrich Dieckmann zu technisch, und sie macht auch hoffnungslos. Denn am Schluß fällt Ihnen auch nur ein, was immer richtig ist, nämlich die Forschung zu konzentrieren; aber nichts Organisch-Systematisches, also nichts, was wirklich die ganze Lebenswirklichkeit so beeinflußt, daß anschließend die Auswirkungen positiver sind.

Ich bin durchaus Ihrer Auffassung, daß es von den Gewerkschaften und von den Unternehmen eigeninteressenbezogene Unterdrückungen wirtschaftlicher Entwicklungen gab. Es ist aber falsch, im Hinblick auf das, was in diesem östlichen Deutschland passiert, von einem »Mezzogiorno« zu sprechen. Das wäre aus meiner Sicht eine Gegend, die vor sich hindämmert, ohne jede Art von Dynamik, ohne jede Art von Perspektive. Das ist aber wirklich nicht die – natürlich harte und schwierige – Entwicklung des östlichen Berlins. Der östliche Teil Berlin ist so beneidenswert nicht »Mezzogiorno«, ist im Gegenteil in eine neue Dynamik geradezu gezwungen.

Und wenn Sie nach Leipzig oder nach Dresden gehen und das vielleicht mit Pforzheim vergleichen, kann ich Ihnen auch nur empfehlen, wenn Sie schon das Wort »Mezzogiorno« vergeben, das nicht auf Leipzig zu beziehen – noch nicht einmal auf Rostock, wenn Pforzheim die Alternative ist.

Ich habe also Schwierigkeiten mit dem technischen

Ansatz, ich habe überhaupt Schwierigkeiten mit dem Grundansatz, es würde immer schlimmer werden.

Friedrich Dieckmann:
Aber das ist nicht der Ansatz. Es geht um die Auswirkungen falscher Weichenstellungen und um die im Westen umgehende und zeitweilig in den Wahlkampf eingehende Vorstellung, der Osten sei ein »Faß ohne Boden«. Die Situation in Berlin hat ihr besonderes Maß. Das ist ähnlich wie bei dem Blick auf Dresden. Dresden ist nicht Sachsen, und Berlin ist nicht das östliche Deutschland.

Volker Hassemer:
Und Schleswig-Holstein ist nicht Baden-Württemberg.

Friedrich Dieckmann:
Ebensowenig kann man Pforzheim mit Leipzig vergleichen. Leipzig ist in einer tiefen Krise, weil dort keine bedeutenden Industrieansiedlungen gelungen sind und fast die Hälfte der neuen Geschäftshäuser leersteht. Oder Chemnitz: in dieser hochindustrialisierten Gegend ist der Maschinenbau ebenso wie Textil- und Chemieindustrie weggebrochen; die traditionelle Wirtschaftsbasis des westlichen Sachsens ist binnen kurzem verschwunden, darunter auch weltmarktfähige Vorzeigebetriebe. Daß die Situation um Bitterfeld laut »Tagesspiegel« einem sozialen Tschernobyl gleicht, ist bereits angemerkt worden.

Egon Bahr:
Ich möchte davor warnen, die mögliche Modernisierung zu überschätzen. Ich will nur an meine Erlebnisse in

Zwickau erinnern, über die ich beim letzten Mal berichtet habe, wo es 1000 fröhliche Menschen gibt, die bei vollen Auftragsbüchern glücklich sind, in modernen Betrieben zu arbeiten, und nicht wissen, was aus den 11000 Menschen wird, die vorher dort auch gearbeitet haben. Um diese Frage aber geht es, was aus den Menschen wird, insbesondere aus den Jugendlichen, die keine Beschäftigung haben. Die Modernisierung kann man immer loben. Das Problem aber ist, was aus den anderen wird. Und für die gibt es keine plausiblen Antworten. Ich hatte auch von Schmalkalden berichtet, wohin die Modernisierung noch nicht gedrungen ist und wo es heute praktisch keine Industrie mehr gibt. Da kann man wirklich von Tabula rasa sprechen.

Die bisherigen Meinungsäußerungen zeigen aber, daß wir hier noch Diskussionsbedarf haben, daß wir auch in einer Reihe von Punkten, die von Friedrich Dieckmann und mir nicht oder vielleicht nur unzulänglich berührt wurden, Meinungsverschiedenheiten haben.

Dieter Simon:

Unser Ausgangspunkt war die Feststellung, daß die innere Einheit der Deutschen noch nicht erreicht sei und daß sogar die Gefahr bestehe, daß diese Einheit immer ferner rücke. Das ist zweifellos richtig. Man braucht nur durch die Lande zu fahren und stellt fest, daß sich die wechselseitige Wahrnehmung von Deutschen aus Ost und West dramatisch verschlechtert hat.

Ich gebe Herrn Mestmäcker recht, daß man bei der Fehlerbeschreibung sich nicht nur auf die ökonomische Seite beschränken darf. Andererseits ist es mit »ungewohnten Lebensverhältnissen« auch nur unzureichend zu beschreiben. Es geht um ein neues Konsumverhalten, es geht um die auf breiter Front blockierten, veränderten, abgebrochenen und umstrukturierten Karrieren. Es geht also schon um ein bißchen mehr als nur darum, daß die alten Institutionen nicht mehr so sind, wie sie mal waren.

Nun könnte man sich über diese Beschreibungen aber vielleicht noch schnell einigen. Für die sich daran anschließende Fehleranalyse aber haben wir sicher erheblichen Diskussionsbedarf. An diese Fehleranalyse müßten sich dann natürlich auch Forderungen anschließen, wobei wir uns auf fünf Forderungen mehr oder weniger schon geeinigt hatten: die Wiederherstellung der Politdominanz, die Notwendigkeit zu handeln, die Aufrechterhaltung der Transferleistungen, ein Votum gegen die Instrumentalisierung und die Erhöhung der Informationsdichte.

Antje Vollmer:

Auch ich sehe noch einen großen Diskussionsbedarf. Mich interessiert zur Zeit nichts mehr als diese Frage, aber mit keiner komme ich auch so wenig zu Rande.

Die ganze Misere wird meist überwiegend materialistisch erklärt. Für mich ist das dagegen bald die geringste Erklärung. Als ob man mit materiellen Verbesserungen irgend etwas von den Grundproblemen der auseinanderdriftenden Mentalitäten und der wachsenden Dialogunfähigkeit auch nur annähernd erfassen könnte! Ich bin der Meinung, daß die materielle Lage die Menschen sehr viel weniger in eine totale Existenzkatastrophe bringt als zum Beispiel die Statusunsicherheit, was mehr ist als nur ein Verlust von Alltagskultur. Ich glaube, die Leute haben sich gefühlt, als kämen sie in eine soziale »Waschtrommel«, und es erscheint absolut willkürlich und zufällig, wie jemand am Ende herauskommt – der eine wird arbeitslos, der andere wird Minister. Die Menschen sehen sich dem Schicksal ausgesetzt und können keine Regel dafür erkennen. Das müssen wir auch im Westen begreifen, weil wir diese Form von sozialer Unsicherheit in unserer Geschichte nicht gehabt haben. Am ehesten könnten noch die Vertriebenen davon sprechen, die aber dennoch in einer anderen Situation waren, weil damals alle aus dem Krieg gekommen sind.

Im übrigen meine ich, daß diese Darstellung von Egon Bahr und Friedrich Dieckmann in bezug auf den Osten sehr mitfühlend ist, aber in Form eines absolut für- und vorsorgenden Mitleids und im Gestus extrem patriarchalisch. Wir posaunen für den armen, armen Osten.

Adressat ist dabei durchgängig die Bonner Politik. Deren Schuldanteil möchte ich natürlich auch festgestellt haben. Aber wir müssen doch auch sehen, da waren Bürger beteiligt, da leben auch noch Bürger, und da waren auch Eliten, die nicht alle in der Sozialhilfe gelandet sind. Wir haben dem Osten beispielsweise nicht die Erwachsenen weggenommen, die auf irgendeine Art eine Mitverantwortung für ihre Jugendlichen haben. Auch die Lehrer sind noch da. Ist keiner von denen Adressat, ist keiner von den dortigen Regierungen Adressat, ist keiner der in den Kommunen Mandatierten Adressat, die viele Entscheidungen mit gefällt haben? Es hat doch nicht in allem und jedem nur der Westen über den Osten verfügt.

Mental kann ich sehr wohl verstehen, wenn gesagt wird, das haben wir so nicht gewollt. Aber ich glaube nicht, daß das hilft. Es hilft nicht, wenn man zum Beispiel nicht feststellt, daß es auch im Osten eine sich öffnende Schere zwischen Arm und Reich gibt, die in so kurzer Zeit auseinandergedriftet ist, wie das sonst selten stattfindet, was das Unglück derer, die sich als arm wiederfinden, noch vergrößert – daß sie nicht nur vom Westen ins Unglück gejagt werden, sondern daß sie diese Schere auch im eigenen Land sehen.

Mich stört aber auch der Begriff »Ost-Zone«.

Friedrich Dieckmann:
Wenn man auch von »West-Zone« spricht, geht es wieder.

Antje Vollmer:
Insgesamt glaube ich, daß sich diese Darstellung gut eignet, eine wirklich offene, aber auch heftige Debatte zu führen. Da heißt es zum Beispiel: Bedenkt die Katastrophe im Osten, es ist eure eigene zukünftige Katastrophe. Das Motiv, warum der Westen, nachdem er ordentlich angegriffen worden ist, etwas tun soll, soll also sein, daß er sozusagen apokalyptisch im Osten seine eigene Zukunft sehen und dem vorbeugen soll. Diesen Gestus des apokalyptischen Redens kennt man, wenn man von den Grünen kommt, in- und auswendig. Aber weil ich ihn kenne, weiß ich auch, daß er eigentlich keine gute Pädagogik ist.

Ich halte die Vorschläge, auf die wir uns beim letzten Mal geeinigt haben, nach wie vor für gut. Um damit weiterzukommen, würde ich aber erstens im moralischen

Gestus des Vorwurfs erheblich abrüsten, und ich meine zweitens, es muß etwas geben, was den Osten aus der Ohnmachtszuweisung herausnimmt und an Bürgerbewußtsein und Bürgerverantwortung bei den verschiedenen Schichten im Osten appelliert.

Ich sehe unsere Chance darin, diesen Ost-West-Dialog in seinen völlig unterschiedlichen Sichten relativ ungeschminkt zu führen und damit dann auch nach außen ein Stück Vermittlung möglich zu machen.

Richard von Weizsäcker:
In dieser Darstellung heißt es, die Freude über die gelungene Überwindung der Spaltung wird abgelöst durch neue Entfremdung. Ich meine, davon kann man nicht sprechen. Die Freude über die Vereinigung als solche ist zwar nicht mehr eine lautstarke Freude, aber sie ist doch nicht vollkommen verschwunden. Das klingt gerade so, als wäre die Vereinigung mittlerweile ein bekämpfenswertes Ziel.

Ich stimme auch zu, daß man sich nicht zu sehr auf das Materielle stützen soll, sondern daß die mentale Seite mindestens ebenso wichtig ist. Dieser Seite haben wir uns noch nicht ausführlich genug gewidmet.

Ich halte es für richtig und notwendig, daß der Westen der Hauptadressat dessen ist, was wir hier feststellen. Denn generell sollte es auch darum gehen, im Westen etwas zu vermitteln, was im Westen nicht existiert. Das würde ich nicht für eine Patenonkelrolle des Westens für den Osten halten, sondern tatsächlich zu den zentralen Problemen zählen. Auch manches in unserer heutigen Diskussion ist, finde ich, Ausdruck westlicher Mentalität.

Volker Hassemer:
Hauptadressat unserer Überlegungen ist natürlich der Westen. Wenn er aber der alleinige Adressat sein sollte, würde das doch heißen, daß wir uns nach wie vor um die »armen Brüder und Schwestern« kümmern.

Richard von Weizsäcker:
Ich meine auch, Berlin ist kein Beispiel für das Ost-West-Verhältnis im Ganzen. Berlin ist ein Fall für sich und Potsdam erst recht.

Antje Vollmer:
Das »soziale Tschernobyl« bei Bitterfeld aber ist doch entstanden auf der absoluten Katastrophe des DDR-Sozialismus in Bitterfeld. Alles das, was dort entstanden ist, einschließlich der ganzen Plattenbauten, ist nicht westgeboren.

Giuseppe Vita:
Als einziger Nichtdeutscher in dieser Runde kann ich alle Ihre Gefühle verstehen. Ich habe aber den Eindruck, Sie unterschätzen, wie schwierig der Aufbau in Ostdeutschland ist. Ich stamme aus dem Mezzogiorno und kann nur sagen, neun Jahre sind eine sehr kurze Zeit, um alles auf den Stand von Westdeutschland zu bringen. Es wird ja auch nicht vom Nullpunkt aus gestartet, sondern aus einer Minusposition. Seien Sie mit der Entwicklung also nicht so unzufrieden!

Die Arbeitslosigkeit zum Beispiel ist ja nicht nur ein Problem von Ostdeutschland, sondern ein Problem von Westdeutschland und von ganz Europa. Die Mauer, die zwischen den beiden Teilen Deutschlands gefallen ist, ist an der Oder ja nicht wieder aufgebaut worden. Vielmehr konkurrieren wir heute mit Milliarden Menschen, die früher von der Konkurrenz abgeschottet waren.

Edzard Reuter:
Nur eine Anmerkung zu Pforzheim: Wenn Sie öfter mal dort wären, würden Sie wissen, wie die Einstellung der Schwaben und der Badener zu Subventionen in anderen Landstrichen ist.

Volker Hassemer:
Denen ginge es »besser«, wenn die Mauer noch da wäre.

Edzard Reuter:
So ist es. Psychologische Verkrampfung gibt es also nicht nur in Ostdeutschland.

Herr Vita hat das Thema auf den Punkt gebracht: Die Probleme, die wir in Europa haben, sind Folgen der Globalisierung, sie treffen uns alle gemeinsam. Und von den Auswirkungen wird die polnische Wirtschaft zum Beispiel genauso getroffen wie alle in Westdeutschland. Das Gefühl, betrogen worden zu sein, orientierungslos zu sein, gibt es dort in der breiten Bevölkerung aber nicht. Es wird im Gegenteil gesagt: Na und, wir krempeln die Ärmel hoch, und es wird irgendwie besser. Das ist vielleicht am ehesten noch mit der Flüchtlingssituation bei uns in der ersten Nachkriegszeit zu vergleichen. Da ist auch jeder davon ausgegangen: Es geht schon voran.

Warum belastet uns dieses Problem in Deutschland so gravierend, daß es nicht reicht zu sagen, es dauert halt seine Zeit? Ich meine, das liegt daran, daß es tatsächlich es ein großes Fragezeichen gibt, ob die Dinge nach zehn oder fünfzehn Jahren wirklich anders aussehen werden. Und hinzu kommt, daß diese Fragestellung eine Generation von Menschen trifft, die vermeintlich keine Hoffnung haben, die in der Tat antwortlos gelassen werden und natürlich dann zu mehr oder minder verzweifelten Reaktionen neigen.

Volker Hassemer:
Viele der Formulierungen, die uns hier vorgelegt wurden, gründen gewissermaßen auf einer Attentatsthese: Dem Osten hätte es so gut gehen können, hätte es diese und jene Dinge nicht gegeben. Das stört mich, weil ich mich in diesem Prozeß nicht als Attentäter empfinde. Außerdem suggeriert diese These, daß alles in Ordnung kommt, wenn der Attentäter gefaßt und so behandelt wird, daß er keinen Schaden mehr anrichten kann.

Antje Vollmer:
Oder wenn er Buße tut und endlich begreift, was er angerichtet hat.

Volker Hassemer:
Ich empfinde das nicht nur als unfair, sondern auch als falsche Diagnose.

Was hätte man denn nach 1989 in der politischen Grundstrategie machen müssen? Ich behaupte, wir haben das, was notwendig war, in Berlin in großen Teilen gemacht. Wir haben aus den großen Modernitätsproblemen, die existierten, eine Modernisierungschance gemacht, indem wir drei Viertel des gesamten Etats dieser Kommune in diese Modernisierungsnotwendigkeiten gesteckt haben.

Und was die Behauptung angeht, durch die Gegnerschaft westdeutscher Unternehmen seien viele Unternehmen im Osten kaputt gegangen, muß ich doch sagen, daß es – jedenfalls in unserem Berliner Gesichtskreis – häufig am schlimmsten war, wenn man versucht hat, Unternehmen im Spektrum ihrer bisherigen Produktion in die Zukunft zu retten. Das war ein blutiger und sehr oft nicht erfolgreicher Ansatz.

Wir haben also aus dem Modernisierungsproblem eine Modernisierungschance gemacht. Und das wird auch werden! Westberlin wird sich noch wundern. In zehn Jahren ist Westberlin gegenüber Ostberlin hintendran!

Wir haben aber auch versucht, die Bedeutungschance, die sich für die Stadt ergab, auszuschöpfen. Wir waren bis 1989 vor allem im Westteil ein Tal von Bedeutung und damit auch von mangelnder Attraktivität. Wir haben durch den Fall der Mauer Bedeutungschancen bekommen. Die sind national und europäisch definiert. Wir haben wenigstens theoretisch alles versucht, diese Bedeutungszuwächse auszubeuten. Und es ist die große Chance Deutschlands, daß wir bei einem mitteleuropäischen Entwicklungsprozeß dazugehören, die Franzosen, Niederländer und Belgier aber nicht.

Es hätte also zu Beginn des Prozesses 1989 / 90, so wie wir das mit West- und Ostberlin gemacht haben, zu Deutschland die Entschlossenheit gehört, diese gemeinsame Wachstumschance auszubeuten. Also nicht zu sagen, wir drücken Geld ab, damit die armen Brüder und Schwestern wieder einigermaßen über Wasser kommen, sondern zu sehen, wir haben in dem Tal von Bedeutung und Substanz eine Entwicklungschance für alle Deutschen. Das hätte ich mir vorstellen können und könnte ich mir auch heute noch vorstellen. Ich sehe Ostdeutschland nicht als Problemgebiet, sondern als eine der Chancenregionen Deutschlands, und das gerade wegen seines teilweise schmerzlichen Entwicklungsbedarfs.

Friedrich Dieckmann:
Unsere Zusammenfassung enthält keine Attentatsthese, sondern verweist auf real existierende Machtverhältnisse. Das ist weder paternalistisch noch apokalyptisch gedacht, es bringt die Wirklichkeit in Sicht. Der Hinweis darauf, daß die Entwicklungen im Osten qualitativ gleichartig mit denen im Westen sind, quantitativ aber viel dramatischer, sollte dazu angetan sein, das schöpferische Eigeninteresse des Westens an den Problemen im Osten zu wecken. Weil man die Lage dort nicht begreifen wollte, hat man so viele Weichen falsch gestellt.

Der Versuch bestimmter Kräfte, die Ungeduld eines nicht geringen Teils der westdeutschen Bevölkerung über die fortdauernde Höhe der Transferzahlungen für den Wahlkampf auszunutzen, ist politisch gescheitert. Aber die Stimmung, die hier ausgebeutet werden sollte, ist da, und man muß ihr offensiv begegnen und der mit ihr verbundenen Schuldzuweisung an die ostdeutsche Bevölkerung entgegentreten, so als wäre diese nicht sorgfältig genug mit den Transferzahlungen umgegangen.

Im übrigen weist der Text ausdrücklich darauf hin, daß die deutsche Wirklichkeit *zwei* Seiten zeigt – *mindestens* zwei Seiten. Wir haben auf augenfällige Erfolge verwiesen und von einem nationalen Aufbauwerk mit vielen außerordentlichen Leistungen gesprochen; auch, daß einzelne Firmen Bedeutendes bewirkt haben, ist in die Darstellung eingegangen, ganz zu schweigen von dem Einsatz der vielen einzelnen. Wir haben in Abwehr jener Fehlperspektive aber auch Steuerungsfehler dargelegt, die weitreichende Auswirkungen hatten.

Antje Vollmer:
Warum ist diese Diskussion bei uns so schwierig? Ich meine, ein wichtiger Punkt ist, daß die Verantwortung nicht im eigenen Bereich festgemacht wird. Es muß den Beginn einer Formulierung von Eliten oder jedenfalls von Bürgern geben, wie Richard Schröder das gesagt hat, die auch die Auseinandersetzung mit falschen Ansprüchen, mit falschen Gefühlen, mit falschen Mentalitäten im Osten beginnen. Wenn ich dafür im Osten aber keinen Partner habe, bin ich nur Posaune, und dann entsteht auch nicht die notwendige Differenzierung.

Ich würde ja gerne mal Mäuschen spielen in einem rein ostdeutschen Gespräch, wo es diese Differenzierungen gibt, wo auch über unangemessene Ansprüche geredet wird. Denn das muß es geben. Ich glaube, daß es mentalitätsmäßig dem Osten nicht hilft, wenn er für sich immer noch das Gefühl konserviert, das »arme Würstchen« zu sein.

Ernst Joachim Mestmäcker:
Man muß einfach zur Kenntnis nehmen, daß der gesamte Produktionsapparat der DDR in dem Moment, in dem die D-Mark in der DDR eingeführt wurde, wettbewerbsunfähig war. In den Diskussionen über das Umtauschverhältnis ist diese Frage im Beirat des Wirtschaftsministerium ausführlich diskutiert worden. Es

gab die Erwartung, daß im Hinblick auf die gefestigten Lieferbeziehungen zum Osten etwa 50 Prozent der Wirtschaftskapazität weiter produktiv sein würden. Der inzwischen verstorbene Ökonom Hans Möller aus München hat als einziger von vornherein die These begründet, daß der reine Aufwertungseffekt der Währung zur Wettbewerbsunfähigkeit der gesamten DDR-Wirtschaft führen würde.

Hinzu kommt, daß mit Blick auf das, was in der DDR vorhanden war, das Ausmaß der Zerstörung der Infrastruktur und des Produktionsapparates – also des Kapitalstocks, wenn Sie so wollen – von allen radikal unterschätzt worden ist.

Es hat dann sehr wohl auch unter »neoliberalen« Ökonomen Überlegungen gegeben, in der DDR eine gebremste Modernisierung durchzuführen, um eine Produktion zu haben, die mehr Arbeitskräfte in Anspruch nimmt, als modernste Produktionsmethoden sie erfordern. Dies wäre aber, meine ich, eindeutig die falsche Strategie gewesen. Vielmehr ist das Modernisierungspotential, von dem auch Herr Hassemer gesprochen hat, die größte Chance für die neuen Bundesländer, und jede Vorstellung, eine rückständige Produktion aufrechtzuerhalten, um das Problem der Arbeitsplätze zu lösen, wäre von vornherein zum Scheitern verurteilt. Außerdem würde es das psychologische Problem noch verschärfen, in einem »zurückgebliebenen« Gebiet zu leben.

Ich halte es politisch für sehr wichtig, den Eindruck zu vermeiden, als ob die großen Schwächen des Wirtschaftssystems der DDR durch die Privatisierung erst geschaffen worden wären. Es ist ganz entscheidend darauf hinzuweisen, daß dies wirklich das Erbe von 40 Jahren planwirtschaftlichem Sozialismus gewesen ist. Wenn man nach Tschechien, Ungarn oder in die frühere Sowjetunion sieht, stellt man fest, daß es dort exakt die gleichen Probleme gibt. Ein ungarischer Kollege hat treffend bemerkt: »Das einzige, was uns fehlt, sind 60 Millionen Ungarn nebenan, die uns den Wiederaufbau finanzieren.« Polen wiederum hat gesellschaftlich insofern eine andere Situation, weil das Glück und das Unglück das Volk im Ganzen betreffen, während der gesellschaftliche Hintergrund über die katholische Kirche auch im Kommunismus konstant gehalten worden ist und weil ökonomisch Polen immer noch ein vorwiegend agrarisches Land ist ohne Kollektivierung und infolgedessen die Übergangsprobleme milder sind als in industrialisierten Bereichen.

Richard von Weizsäcker:
Es gibt nicht nur diese Bemerkung des Ungarn, sondern auch die Feststellung von Vaclav Klaus in Prag: »Das einzige, was uns rettet und unseren Aufstieg ermöglichen wird, ist, daß wir *nicht* 60 Millionen Tschechen im Westen haben, denn auf diese Weise werden unsere Ansprüche auf einem Niveau gehalten, das sich wirtschaftlich vertreten läßt.« Die berühmten 60 Millionen Deutschen im Westen haben das, nicht zuletzt aber auch durch entsprechende Forderungen im Osten, unmöglich gemacht.

Volker Hassemer:
Der Satz »Entweder die Mark kommt zu uns oder wir zur Mark« kommt nicht aus dem Westen.

Friedrich Dieckmann:
Von wem stammt dieser Ausspruch? Wir wissen nur, daß, *nachdem* die D-Mark gekommen war, eine Million Ostdeutsche – das ist die sogenannte Netto-Ziffer, also Abwanderung minus Zuwanderung – in den Westen abgewandert sind, Zahlen wie aus den fünfziger Jahren.

Richard von Weizsäcker:
Nun sollten wir aber nicht die Diskussionen der letzten zehn Jahre wiederholen. Damit wären wir doch selber nur ein Beweis für die Unfähigkeit der Vereinigung.

Ich glaube, wir müssen einen wichtigen Unterschied sehen zwischen der Lage in Berlin und in Deutschland insgesamt: Die Westberliner konnten der Vereinigung nicht entgehen, sie hat auf ihr Leben einen großen und täglichen Einfluß gehabt. Dagegen hat die Vereinigung für die Westdeutschen praktisch gar keinen Einfluß gehabt. Das Leben der Menschen in Pforzheim hat sich durch die Vereinigung doch nicht verändert. Das Leben in Westberlin aber ist grundlegend anders geworden.

Antje Vollmer:
Wir alle müssen dafür sorgen, daß wir nicht nur an die Gefühle der Menschen appellieren, sondern für maßvolle und richtige Urteile sorgen – und für eine Ermutigung, daß es sich lohnt, weiter an der Einheit zu arbeiten. Unser Gespräch zeigt, daß wir hier eigentlich genauso getrennt sind wie alle anderen. Wichtig ist nur, daß wir uns vielleicht ernsthafter bemühen, auch die jeweils andere Sicht zu begreifen.

Friedrich Dieckmann:
Mir scheint, unsere Diskussion ist selbst ein Ausdruck des vorhandenen gemeinsamen Dachs.

Volker Hassemer:
Ich sehe das etwas anders. Das Wort von den »generösen Transferzahlungen« sehen Sie in diesem Sinne wahrscheinlich auch als Freundlichkeit an, als Kompliment an die Westler, daß sie so generös sind.

Friedrich Dieckmann:
Aber wir sind wirklich dankbar!

Volker Hassemer:
Der siamesische Zwilling dieser Dankbarkeit ist der Vorwurf, wieder nur eine passive Rolle zu haben, den Ihr Papier durchzieht. Zu einem gemeinsamen Projekt werden diese Transferzahlungen, wenn man sie als eine nationenweit kluge Investition versteht. Ich will es noch einmal auf Berlin beziehen: Wir haben nicht aus Freundlichkeit Treptow oder Pankow oder Friedrichshain entwickelt, sondern es war eine kluge Investition, das vor allem in Westberlin erworbene Geld im Osten anzulegen. Dies auch als kluge Investition zu sehen, ist eine ganz andere Grundlinie des Verständnisses von ehemaliger DDR.

Edzard Reuter:
Ich habe sehr viel Verständnis für das, was Sie in bezug auf Berlin sagen. Ich füge allerdings auch an, daß es genau dazu nicht gekommen wäre, wenn in Berlin der Ratschlag befolgt worden wäre, alles dem Markt zu überlas-

sen. In Berlin hat es vielmehr, wenn Sie so wollen, eine ernsthafte und wohlbedachte Industriepolitik gegeben.

Ich finde, man muß auch die weitere Diskussion positiv angehen und sagen: Es sieht zwar im Augenblick sorgenvoll aus, aber die Chance ist noch nicht vorbei, wir können es packen, miteinander können wir es auch für ganz Ostdeutschland packen.

Die neue
Mittwochsgesellschaft

Marion Gräfin Dönhoff

Marion Gräfin Dönhoff, geboren 1909 in Ostpreußen, trat nach dem Studium der Volkswirtschaft und Promotion 1935 in Basel 1936 in die Verwaltung der Familiengüter ein, deren Leitung sie 1939 übernahm. Seit 1946 gehört sie der Redaktion der Hamburger Wochenzeitung DIE ZEIT an. 1955 wurde sie Leiterin des politischen Ressorts, 1968 Chefredakteur und 1973 Herausgeber.

Egon Bahr

Egon Bahr, geboren 1922 in Treffurt / Werra, wurde 1972 Bundesminister für besondere Aufgaben und war von 1974 bis 1976 Bundesminister für wirtschaftliche Zusammenarbeit. 1970 leitete er die Verhandlungen mit Moskau ein. Von 1976 bis 1981 Bundesgeschäftsführer der SPD, 1984 bis 1994 Direktor des Instituts für Friedensforschung und Sicherheitspolitik an der Universität Hamburg.

Günter de Bruyn

Günter de Bruyn, geboren 1926 in Berlin, Bibliothekar, seit 1961 als freier Schriftsteller tätig. Werke u.a.: »Buridans Esel« (1968), »Das Leben des Jean Paul Friedrich Richter« (1975), »Neue Herrlichkeit« (1984), »Zwischenbilanz. Eine Jugend in Berlin« (1992), »Vierzig Jahre. Ein Lebensbericht« (1996).

Friedrich Dieckmann

Friedrich Dieckmann, geboren 1937 in Landsberg / Warthe, Schriftsteller und Publizist. Von 1972 bis 1976 als Dramaturg am Berliner Ensemble tätig. Vizepräsident der Sächsischen Akademie der Künste, Dresden. Buchveröffentlichungen u.a.: »Streifzüge« (1977), »Glockenläuten und offene Fragen« (1991), »Vom Einbringen« (1992), »Wege durch Mitte« (1995).

Dieter Grimm

Dieter Grimm, geboren 1937 in Kassel, war von 1967 bis 1979 Wissenschaftlicher Referent am Max-Planck-Institut für Europäische Rechtsgeschichte in Frankfurt, ab 1979 Professor für Öffentliches Recht an der Universität Bielefeld. Seit 1987 ist er Richter am Bundesverfassungsgericht.

Volker Hassemer

Volker Hassemer, geboren 1944 in Metz / Frankreich, ist seit 1979 für die CDU Mitglied des Abgeordnetenhauses von Berlin. Von 1981 bis 1983 war er in Berlin Senator für Stadtentwicklung und Umweltschutz, von 1983 bis 1989 Senator für Kulturelle Angelegenheiten, von 1991 bis 1996 wieder Senator für Stadtentwicklung und Umweltschutz.

Reinhard Höppner

Reinhard Höppner, geboren 1948 in Haldensleben, wurde 1990 Vizepräsident der DDR-Volkskammer, von 1990 bis 1994 Vorsitzender der SPD-Fraktion im Landtag von Sachsen-Anhalt. Seit 1993 ist er Präsidiumsmitglied des Deutschen Evangelischen Kirchentages, seit 1994 Ministerpräsident von Sachsen-Anhalt.

Wolf Lepenies

Wolf Lepenies, geboren 1941, Rektor des Wissenschaftskollegs zu Berlin (seit 1986) und Professor für Soziologie an der Freien Universität Berlin. Zu seinen wichtigsten Veröffentlichungen zählen: »Melancholie und Gesellschaft« (1969), »Das Ende der Naturgeschichte« (1976), »Die drei Kulturen« (1985), »Autoren und Wissenschaftler im achtzehnten Jahrhundert« (1988), »Sainte-Beuve. Auf der Schwelle zur Moderne« (1997).

Ernst-Joachim Mestmäcker

Ernst-Joachim Mestmäcker, geboren 1926, Professor für Bürgerliches Recht, war von 1967 bis 1969 Vorsitzender des Gründungsausschusses und Gründungsrektor der Universität Bielefeld. Von 1978 bis 1994 Direktor am Max-Planck-Institut für ausländisches und internationales Privatrecht in Hamburg, von 1984 bis 1990 Vizepräsident, heute emeritiertes wissenschaftliches Mitglied der Max-Planck-Gesellschaft.

Edzard Reuter

Edzard Reuter, geboren 1928 in Berlin, wurde 1980 Leiter des Vorstandsressorts Finanz- und Betriebswirtschaft der Daimler-Benz AG in Stuttgart, im März 1987 stellvertretender Vorsitzender des Vorstandes. Von September 1987 bis Mai 1995 war er Vorsitzender des Vorstandes der Daimler-Benz AG.

Helmut Schmidt

Helmut Schmidt, geboren 1918 in Hamburg, war von 1961 bis 1965 SPD-Innensenator in Hamburg, von 1967 bis 1969 Fraktionsvorsitzender der SPD im Deutschen Bundestag, in den Jahren 1968 bis 1984 stellvertretender Parteivorsitzender der SPD. 1969 bis 1972 Bundesminister der Verteidigung, 1972 bis 1974 Bundesminister der Finanzen, 1974 bis 1982 Bundeskanzler. Seit 1985 ist er Herausgeber der Wochenzeitung DIE ZEIT.

Dieter Simon

Dieter Simon, geboren 1935 in Ludwigshafen / Rhein, von 1968 bis 1991 Professor für Zivilrecht und Römisches Recht an der Johann-Wolfgang-Goethe-Universität in Frankfurt am Main, seit 1980 Direktor am Max-Planck-Institut für europäische Rechtsgeschichte, von 1989 bis 1992 Vorsitzender des Wissenschaftsrates, seit 1995 Präsident der Berlin-Brandenburgischen Akademie der Wissenschaften.

Wolfgang Thierse

Wolfgang Thierse, geboren 1943, Kulturwissenschaftler, Germanist, ist stellvertretender Parteivorsitzender der SPD. Von 1977 bis 1990 war er wissenschaftlicher Mitarbeiter an der Akademie der Wissenschaften der DDR. Oktober 1989 Unterschrift beim Neuen Forum, Januar 1990 Eintritt in die SPD, Juni bis September 1990 Vorsitzender der SPD / DDR, Mitglied der Volkskammer vom 18. März bis 2. Oktober 1990. Seit 1998 Präsident des Deutschen Bundestages.

Giuseppe Vita

Giuseppe Vita, geboren 1935 in Sizilien, 1961 Facharzt für Radiologie, 1964 Eintritt in die Schering AG als wissenschaftlicher Mitarbeiter, 1965 Geschäftsführer der Schering SpA, Mailand, 1987 Vorstandsmitglied der Schering AG, seit 1989 Vorsitzender des Vorstandes der Schering AG.

Antje Vollmer

Antje Vollmer, geboren 1943, Politikerin und Publizistin. 1969 bis 1975 Hochschulassistentin, Gemeindepraxis in Berlin-Wedding. Von 1976 bis 1982 Tätigkeit in der ländlichen Bildungsarbeit, 1983 bis 1990 Mitglied der Fraktion DIE GRÜNEN im Deutschen Bundestag, zeitweise als Fraktionssprecherin. 1991 bis 1994 publizistische Tätigkeit und Mitarbeit in einer Epilepsie-Klinik in Bethel. Seit 1994 Vizepräsidentin des Deutschen Bundestages.

Richard von Weizsäcker

Richard von Weizsäcker, geboren 1920 in Stuttgart, 1950 bis 1966 Tätigkeit in der Wirtschaft, 1964 bis 1970 und 1979 bis 1981 Präsident des Deutschen Evangelischen Kirchentages, 1967 bis 1984 Mitglied der Synode und des Rates der Evangelischen Kirche in Deutschland. 1969 bis 1981 Mitglied des Deutschen Bundestages, Fraktion der CDU / CSU, 1981 bis 1984 Regierender Bürgermeister von Berlin, 1984 bis 1994 Bundespräsident.